CUCINA
STANCA

Progetto grafico: Cristina Giubaldo, studio pym / Milano
Realizzazione editoriale: studio pym / Milano
Editing: Agnese Fioretti

Fotografie: Archivio Giunti/© Ilaria Muri
Tutte le illustrazioni sono di Marta Puro ad eccezione delle seguenti:
pp. 24-25, 30, 32-35, 37-38, 53, 80-82, 84-85, 101, 107, 110-112, 130-131,
142, 145-147, 160-162, 174, 200-201 © Freepik.com;
pp. 24-25, 40, 50-51, 84-85, 100, 131-132, 144, 146-147,
172, 182, 199 © Vecteezy.com.

www.giunti.it

Stampato in Polonia

Sofia Fabiani

CUCINARE STANCA

Manuale pratico
per INCAPACY

SOMMARIO

PREFAZIONE

Il giorno del mio matrimonio Sofia cucinerà per me una torta alta nove strati, ma qualcosa andrà storto, qualcuno la farà cadere, o forse cederà un'alzatina. Allora entrambe piangeremo, e poi ci faremo una foto in cui posiamo davanti alla torta – forse inclinata, forse ammaccata – e il mascara ci è colato lungo le guance fino alla mandibola. La foto è scattata con il flash, stile debosciato anni novanta.

Sarà una foto grandiosa, straordinaria, la mia preferita dell'album di nozze.

Nell'alta cucina, gli chef sono uomini e il pastry chef è (a volte) donna. Da quando il compianto Anthony Bourdain ci regalò – era il lontano 2000 – quello straordinario romanzo di formazione che è *Kitchen Confidential* (trasformando il *memoir* del cuoco vizioso in un genere letterario a sé), sappiamo che ovunque nelle cucine i cuochi si insultano, si minacciano con i coltelli, sniffano cocaina, si rivolgono epiteti razzisti oppure omofobi – i più creativi anche una combinazione dei due; poi finiscono di cucinare e vanno a bere tutti insieme. In un angolino di queste cucine, spesso una donna – la sola della brigata – prepara tortine, decorando con fiori eduli il suo inferno personale: Loretta Fanella, che fu la pastry chef del ristorante Cracco, racconta che nei primi mesi di lavoro piangeva ogni sera al ritorno a casa, e nelle interviste descrive i 2 anni in brigata dell'allora due stelle Michelin come "aver fatto il militare".

Gina DePalma fu la pastry chef del celebre ristorante newyorkese Babbo dal 1998 al 2013. In *Calore* – un libro che è una lunga lettera d'amore al lavoro di cucina – Bill Buford la descrive come una donna molto sensuale, sempre intenta a persuaderlo ad assaggiare dal suo cucchiaio questo o quel dessert, molto amata dai colleghi ma anche, in un certo senso, isolata (protetta?) dai suoi orari inconsueti: la pasticceria finisce prima degli altri reparti, cosa che ha contribuito a farne una professione tradizionalmente femminile. Il boss di Gina, lo chef Mario Batali, all'epoca era noto solo come l'artefice dello straordinario successo di Babbo, prima di venire travolto nel 2017, sull'onda del #MeToo, dalle accuse di molestie. Ma Gina DePalma allora non c'era già più: un cancro alle ovaie se l'era portata via 2 anni prima.

Sto divagando? Tutt'altro: sono proprio nel cuore del discorso. La pasticceria è considerata una cosa da donne, ma se il mondo non è un posto per le donne non esiste un angolino dove cucinare una torta in pace. Allora Sofia impasta attivismo e biscotti con identico vigore, anche se cucinare stanca, e protestare stanca. Anzi, ancora prima: vivere stanca. Eppure: ne vale la pena.

Il superbo libro di cucina (*anche* di cucina) che avete tra le mani consacra Sofia come un caso da manuale di persona multipotenziale: se non sapete cosa significhi questo termine, prima di tutto appuntatevelo, perché sarà la parola d'ordine del prossimo anno, la nuova "resilienza". Ve lo spiego: indica quelle persone creative che fanno tante cose bene, ma tutto viene loro a noia, e nessun talento basta a saziarle. Sofia cucina bene (e fin qui), scrive benissimo, fa molto ridere, e tra le righe emerge la sua peculiare saggezza, distillata in parti uguali dalla romanità più sublime e da molti anni di terapia.

Per chi è questo libro? Per tutti: e non lo dico per convincervi a comprarlo (poniamo che stiate leggendo queste parole in libreria, ponderando la questione). Mi spiego meglio: è per gli incapacy, termine-ombrello con cui Sofia raggruppa, bontà sua, tutti coloro che cucinano peggio di lei. Chi non ha nemmeno i rudimenti comincerà dal principio, sezione 101 – che suona un po' come un ramo del penitenziario –, e una volta promosso alla pasta burro e parmigiano (ben più insidiosa di quanto sembri a uno sguardo superficiale) potrà passare al livello successivo, il Junior. Aspra la selezione per essere ammessi invece al Dottorato. A livello aneddotico: ho fatto il test che determina il mio livello di incapacità (incapacytà?) e salta fuori che sono abbastanza scarsa, e praticamente della cucina ne ho fatto un mestiere, quindi fatevi un esamino di coscienza. Come dicevo: è un libro per tutti. Lo compriamo adesso o aspettiamo che la poltroncina della libreria abbia assunto la forma del vostro deretano?
Infine: questo non è un libro di pasticceria, ma resta il libro di una pasticciera:

perché, a dispetto dello humor e del ritmo forsennato del racconto, c'è grande precisione nell'indicare dosi e tempi, procedimenti e temperature, e un invito ad approfondire il perché dei processi: a dispetto di quanto un certo genere di retorica casalinga vorrebbe farci credere, la cucina non è magia – ed è evidente che Sofia non è una fatina (ma volentieri vi prenderebbe a bacchettate, non magiche, sulle mani). Riassumendo: nessuna ricetta è fatta a sentimento – anche perché, nel caso, sarebbe l'odio.

Tra le arti di cucina, la pasticceria incarna l'ordine e armonia nelle forme: Nietzsche direbbe che è apollinea (qui si vede insomma che io ho fatto il classico. Sofia lo scientifico, ma ama le citazioni latine ugualmente, quindi mi permetto).

Dai quattro elementi di cui è composto il cosmo – uova, farina, zucchero, burro – l'arte pasticciera risolve e supera il caos, ottenendo una forma limpida e armonica.

Ma questo è il limite di ogni visione del mondo apollinea: l'incapacità di sopportare la tragicità della vita – il dolore, l'assurdo, la mancanza di senso. Sofia invece sa tenere insieme tutto: la meringa con la crema (la meringa è idrofila!), la gioia col dolore, le ricette venute bene e le giornate venute male.

Come diceva Nietzsche (mi pare): bisogna avere il caos dentro di sé, per partorire una *Île flottante*.

Sara Porro

INTRODUZIONE

Perché scrivere un manuale pratico per incapacy e come leggerlo

Vi serviva l'ennesimo libro di cucina?

No, vi libero dall'imbarazzo della risposta, non vi serviva, perché ne avete già troppi, che non sapete usare e che non rispettate.

Vi serviva invece uno "stupidario" di cucina? Sì, vi serviva, ve lo assicuro, non vi offendete, ma l'idea di questo libro nasce proprio dal mio sgomento quotidiano generato dalla vista dell'esecuzione delle vostre ricette. Non esiste una cosa che riusciate a non sbagliare, a partire da una semplice pesata degli ingredienti, tipo quando dovete pesare 1 kg di farina e poggiate il gomito sul piatto della bilancia, per poi scervellarvi, già impanicati, per capire come mai il ciambellone sia così duro. Fino alla vostra passione più grande e losca: la sostituzione di un ingrediente, eseguita puntualmente a caso, ignari del fatto che ci siano tabelle di riferimento che pasticceri e cuochi illuminati hanno stilato per voi, basandosi sulla chimica degli ingredienti.

Quindi questo non è un libro solo per voi incapacy, è uno strumento a difesa di chi ha bilanciato perfettamente ricette, pensato ad accostamenti, buttato il sangue nella stesura di manuali e ricettari, non di certo per farseli rovinare da voi.

È un libro su come si leggono i libri, che Calvino mi perdoni, o meglio è un libro su come si utilizzano i libri di cucina, su cosa ci potete fare, su quanto potete discostarvi dalle indicazioni dell'autore. Vorrei trasmettervi l'idea che la regola "una ricetta, mille risultati diversi" è davvero quasi scientifica, perché per ottenere l'obiettivo desiderato non basta seguire alla lettera alcuni procedimenti.

Per cucinare bene dovete sviluppare
l'abilità di capire quando state sbagliando
e trovare una soluzione,
dato che le dosi non sono tutto.

Quell'abilità che sicuramente non avete nemmeno nelle relazioni sentimentali, a proposito delle quali infatti vi dispenserò infiniti consigli, ahimè di certo sprecati, nelle prossime pagine. In sintesi, questo libro vuole farvi capire che la ricetta è sicuramente importante, soprattutto se siete degli incapacy anche a sopravvivere, ma che le scelte sono due: o la eseguite ciecamente o acquisite gli strumenti per capirla e adattarla alle vostre esigenze. Non esistono vie di mezzo e, se esistono, non ci interessano.

Il mio manuale è strutturato come dovrebbe essere pensato un percorso di apprendimento di qualsiasi cosa: come a carte, prima imparate i simboli delle carte, poi a giocare a scopa, e solo quando sarete pronti potrete andare a fare i maledetti in bisca giocando a tresette. Non me ne vogliate, e anche se voleste farlo non mi interessa, se vi ho divisi in tre livelli di abilità. Il primo è per chi realmente ha un'incapacità generale a vivere e colloco in questo livello coloro che ho ribattezzato gli Incapacy 101: nel sistema scolastico americano, infatti, 101 è la sigla usata per indicare gli studenti principianti, quelli che devono ancora imparare i rudimenti di una materia; nel nostro caso, invece, gli incapacy 101 sono quelli che dovrebbero ricevere l'equivalente culinario del DASPO allo stadio ed essere interdetti dal diritto di entrare in cucina, se vivessimo in un paese davvero giusto. Ma, facendo lo sforzo di adeguarmi alla realtà, introdurrò questi soggetti alla magica arte della sopravvivenza in cucina e nella vita.

Il secondo livello, invece, è pensato per chi per un momento si è nutrito dell'entusiasmo di vedere, per caso meramente fortuito, una sua ricetta ben riuscita, nonostante se stesso. Mi riferisco agli Incapacy Junior, coloro che, dopo 23 fallimenti consecutivi, hanno deciso di essere pronti ad aprire un bel ristorante che aspira alla stella entro l'anno, per poi lamentarsi che il meccanismo delle stelle sia incomprensibile e inaccessibile.

Il terzo livello, quello degli Incapacy Dottorato, è il più complicato, non tanto per i suoi contenuti, ma perché gli interlocutori sono i più difficili: sanno tutto a memoria, conoscono i nomi in ordine alfabetico di tutte le salse dolci e salate mai create e credono che questo basti per essere chiamati "chef" nel gruppo WhatsApp di calcetto. Ovviamente non ne sanno fare neanche una, ma si giustificano dicendo che hanno letto che, quando piove, i dolci non vengono poi così bene. In questi casi bisogna solo annuire e sorridere, sono irascibili e suscettibili, a volte piangono.

A ogni livello, dunque, corrisponde un capitolo, in ciascuno dei quali alternerò le ricette con delle semplici "slide", approfondimenti figli del nostro tempo storico: è la mia Didattica a Distanza (DaD), che comunque con soggetti come voi è sempre troppo poca, in cui cercherò, temo invano, di trasmettervi delle nozioni tecniche di cucina, ma soprattutto comportamentali, per non farvi odiare più di quanto gli altri già facciano e per capire, anche solo per capire, dove state sbagliando; così in una giornata in cui sarete particolarmente illuminati, temo mai, potrete metterci una pezza.

Quando dico "capire dove state sbagliando", però, non intendo che per farlo dovete prendere le vostre pietanze e accostarle alle foto dei libri, neanche del mio, per poi mettervi a piangere. Il cibo fotografato è quasi sempre ben lontano dalla realtà, tipo voi, ma di più. Pensate a quando vi fate le foto dall'alto con il filtro Bambi nel bosco e a quando ve le fate inquadrandovi dal basso, nel letto, col doppio mento. In questo libro, quindi, ho provato assieme alla fotografa Ilaria Muri a non darvi un'idea di cibo irrealizzabile e inaccessibile, ma certo è pur sempre un libro, non potevamo fare le foto al buio, con i piatti sotto le coperte: le immagini che troverete nelle prossime pagine sono una via di mezzo, che serve più che altro a darvi un'idea generale.

Ora, torniamo ai livelli: in ciascuno dei tre impariamo ad avere a che fare con gli altri, a leggere una ricetta sia dal punto di vista pratico sia dal punto di vista psicologico, una sorta di cartomanzia nel piatto, ma soprattutto impariamo a comportarci e a capire l'importanza dei messaggi subliminali che l'altro vuole farci arrivare attraverso le proprie preparazioni.

È un percorso in parte graduale, che cresce e segue i miglioramenti della vostra incapacity, ma anche realistico: non dimentico mai che l'interlocutore incapacy ha poca memoria, che se impara una cosa nuova si scorda quella vecchia.

Come nel gioco dell'oca, immaginate ogni ricetta
come una casella del percorso.

Pensavate che, una volta riusciti a non far liquefare con le vostre mani bollenti i biscotti alla camomilla, foste pronti a saltare due caselle e andare alla pasta sfoglia del terzo livello? Senza passare dal via? Senza mettervi alla prova con una preparazione intermedia?

Errore, vi vedo che vi interrogate sul perché il burro vi sia completamente uscito dall'impasto bucandovelo: è successo perché dovete tornare a pag. 115 e prendere prima confidenza con la pasta brisée. Ecco la ragione per cui inserirò una serie di passaggi a supporto della vostra memoria: quando vi imbatterete ne Il passo del gambero, significa che vi starò inesorabilmente rimandando a guardare quando e dove avete già fatto una cosa simile e a ripartire da lì, spesso offrendovi la soluzione per rimediare ai vostri disastri e non dover buttare tutto. Ma allo stesso tempo, se vi trovate in un picco di entusiasmo e volete a tutti i costi andare avanti con ricette più complesse, in fondo chi sono io per impedirvelo? Nessuno, e a tal proposito troverete i miei Messaggi del diavolo tentatore. Però poi vietato piangere, vi avverto.

A favore dell'Italia Unita inserirò infine un glossario, una lista di parole ed espressioni (sono quelle evidenziate in giallo) che mi rendo conto molto spesso facciano parte solo del mio lessico o di quello della mia città, Roma: tipo quando dovete "sfragnare" le patate per gli gnocchi di barbabietola del secondo livello, volete sapere esattamente a quale azione mi riferisco, giusto? Allora andate a pag. 211.

La figura dell'incapacy nell'epoca moderna

Lo sento che, già dopo poche pagine, vi siete tirati fuori dalla macrocategoria degli incapacy, perché voi la crostata la sapete fare e perché anche a tresette andate forte, nonostante sappiate che tutti, quando vi girate, esclamano: "oddio questo porta sempre 'sta pietra di crostata, come possiamo farglielo capire? La prossima volta chiamiamo l'amico di mia zia per fare il quarto a tresette".

**Datevi tempo e fidatevi di me:
in ognuno di noi c'è un incapacy
che aspetta solo di essere svegliato.**

Prima di tutto, quindi, dovete scoprire una cosa: il solo fatto di possedere una cucina e di avere una connessione internet a casa non vi rende capaci di cucinare.

Da questo assunto partirei per spiegarvi meglio il profilo dell'incapacy: 101, junior o dottorato che sia, l'incapacy ha dei tratti sempre ben riconoscibili. Non è un assoluto neofita, non corrisponde interamente al consumatore giornaliero di tonno assaporato direttamente dalla scatoletta e non è il finanziatore delle multinazionali delle zuppe pronte, ma allo stesso tempo non è neanche in grado di seguire "a pappagallo" una ricetta. Il suo assomiglia vagamente a un limbo psicologico.

L'incapacy, infatti, sopravvive ai fornelli mentre cerca affannosamente, senza esito, di passare allo step successivo: divenire il demiurgo dell'autonomia culinaria, colui che è in grado, senza sforzo, di sostituire gli ingredienti, vantandosi di rimpiazzare gli albumi con l'acquafaba durante le cene con la nonna, senza che lei se ne accorga (sappiatelo, si sente sempre). Il povero incapacy, solitamente poco presente a se stesso, in realtà non è neanche in grado di seguire una ricetta medica, figuriamoci un procedimento complesso come la sostituzione degli ingredienti in cucina, condizione preliminare per avere il diritto d'opinione.

Vi propongo di seguito un semplice **test**, da compilare un giorno in cui vi sentite particolarmente presenti a voi stessi, quindi non oggi o forse mai, dando una valutazione da 1 a 5 in cui:

- 1 corrisponde a "non sono io questa persona";
- 2 significa "devo chiedere a qualcuno con più autocritica di me se sono io questa persona";
- 3 sta per "non sapevo di essere questa persona, ma lo sono";
- 4 vuol dire "sono io";
- 5 equivale a "faccio di peggio, ben oltre la tua immaginazione, cara Cucinare Stanca".

vai al test!

IDENTIKIT DI UN INCAPACY, CHE SEI TU

Prepara i cordon bleu e poi li condivide in una story su Instagram scrivendo: "si cucina sempre pensando a qualcuno, altrimenti si sta solo preparando da mangiare". Ricordo a me stessa, perché voi lo sapete benissimo da soli, che i pensieri possono anche essere d'odio, visti i risultati raggiunti.

☐ 1 ☐ 2 ☐ 3 ☐ 4 ☐ 5

Il sabato sera vuole fare la pizza in casa, inizia alle 18 per mangiarla alle 20, la lascia lievitare con 45 g di lievito di birra su 1 kg di farina e conclude dicendo: "non è come quella comprata, però avrò sbagliato qualcosa perché mi sta lievitando in pancia". Impossibile perché, anche se lo avete dosato male, il lievito muore a 55 °C.

☐ 1 ☐ 2 ☐ 3 ☐ 4 ☐ 5

Cuoce la sua crema pasticciera per 43 minuti e non si spiega perché sappia di frittata, visto che ha usato le uova del contadino – ci crediamo –, sprecate.

☐ 1 ☐ 2 ☐ 3 ☐ 4 ☐ 5

Il suo risotto può essere brevettato come colla biologica per attaccare i cartelloni della campagna elettorale della sezione del partito sotto casa.

☐ 1 ☐ 2 ☐ 3 ☐ 4 ☐ 5

Vuole la ricetta, solo la ricetta, nient'altro che la ricetta, per poi lamentarsi che il problema sta nella ricetta, non nel procedimento attuato (a lui sconosciuto), e asserire che quella della madre, della zia e della nonna sono comunque le migliori. Allora vai a magna' da loro.

☐ 1 ☐ 2 ☐ 3 ☐ 4 ☐ 5

La sua cucina, dopo aver preparato una cena per due persone, ricorda la camera di un adolescente dopo la prima settimana in cui i genitori lo hanno lasciato a casa da solo.

□ 1 □ 2 □ 3 □ 4 □ 5

Non ha mai provato a fare un semifreddo, ma vuole glassarlo.

□ 1 □ 2 □ 3 □ 4 □ 5

Il capitano degli incapacy ricerca una ricetta facile e veloce, ma vuole sostituire tutti i latticini con lo yogurt di capra, mi scrive di notte dicendo che sono incompetente perché la ricetta sa troppo di capra e a volte mi dà proprio della capra.

□ 1 □ 2 □ 3 □ 4 □ 5

Decide il 14 febbraio alle 19 che vuole fare i cioccolatini in casa per il/la su* amat*. Ma non era meglio ricordarsi che "l'amore si dimostra tutti i giorni e non solo a San Valentino"?

□ 1 □ 2 □ 3 □ 4 □ 5

Non sa fare la pasta al burro e parmigiano, ma vuole preparare la piramide di macaron con il forno di casa, per la comunione della nipote, possibilmente in 8 colori e gusti, perché "le sfide mi stimolano", come riporta nel CV.

□ 1 □ 2 □ 3 □ 4 □ 5

| 10-15 | 16-31 | 32-50 |
| Incapacy Dottorato | Incapacy Junior | Incapacy 101 |

Chiaramente non mi aspetto da voi ampi livelli di consapevolezza e di autocritica, vi vedo che con il vostro punteggio del test sarete finiti tutti al livello 3, quello degli incapacy dottorato: a un passo dal sogno.

Io, comunque, preventivamente vi boccio tutti e vi propongo un **secondo test**. Un test pratico con cui riconoscere le vostre competenze: dovrete dimostrare a voi stessi di saper realizzare la pasta al burro e parmigiano. E soprattutto dovrete dimostrarlo a me, prima di scrivermi: "Cuci, mi dai la ricetta del panettone, per favore procedimento giusto!!!!!!".

LA PASTA AL BURRO E PARMIGIANO

Non solo una pasta: UN MANIFESTO

Prima di ogni altra preparazione, la pasta al burro e parmigiano dovete essere in grado di eseguirla magistralmente. Il motivo è scontato, ma con voi mi piace specificare l'ovvio: questa pasta dovete rispettarla, perché è una ricetta che ci ha sostenuti per una vita. **Se preparata a regola d'arte, raccoglie tutte le competenze necessarie per imparare a presentare una pasta decente, ma anche proprio per cucinare, ma anche proprio per vivere.** Spero tanto, in questo libro, di potermi rivolgere alle mie persone preferite nel mondo, coloro che non hanno tutti i sentimenti a posto e che almeno una volta, alle 16 di una domenica di gennaio, si sono svegliati al buio sderenati dalla vita, ma prima di rimettersi a dormire fino alle 7 del giorno dopo si sono detti: "intanto magari magno".

Sconsolati e ciondolanti, si sono trascinati verso un frigo vuoto. Ingredienti disponibili: l'acqua, il burro e il parmigiano, scaduto volendo anche da 3 giorni.

Cerchiamo quindi di capire come si esce da questa povertà di materie prime e di animo, nel modo migliore possibile.

COSA VI SERVE:

- 150 g di pasta, per una persona certo, possibilmente spaghetti quadrati, ma vedete voi, quelli sderenati dalla vita siete voi, non io. Non è vero, anche io lo sono, ma ognuno trova le proprie soluzioni in diversi formati di pasta, su questo non discuto
- 30 g di burro
- 30 g di parmigiano

PROCEDIMENTO:

1. Fate bollire l'acqua salata e versateci la pasta;
2. 3 minuti prima del tempo di cottura indicato sulla confezione, tirate su la

pasta con una schiumaiola e mettetela in padella, dove la mantecherete aggiungendo l'acqua di cottura (ce ne vorranno almeno 3-4 mestoli) e girando vigorosamente;

3. quando la cottura vi sembra giusta e si sarà creata la cremina data dall'amido rilasciato dalla pasta, quindi presente in parte nell'acqua di cottura, aggiungete il burro e il parmigiano, sempre girando vigorosamente;

4. impiattate e spolverizzate con altro parmigiano.

 A questo punto non vi sarà passata la tristezza, ne sono certa, ma a pancia piena si torna a dormire più sereni, è scientificamente provato da me.

Quando sarete soddisfatti della realizzazione di questa ricetta – sicuramente io non lo sarò, ma provo a fidarmi di voi – potete avventurarvi in ogni altro tipo di pasta a base bianca, quindi senza sugo (il salvavita contro l'effetto secchezza), tenendo appunto sempre a mente che le paste bianche, per essere decenti, vanno mantecate.

Insomma, lo scopo di questa ricetta è farvi capire che quelle frasi da finto criptici e maledetti che vi piace tanto utilizzare, tipo "senza le basi dimenticatevi le altezze", non si applicano solo come frecciate al vetriolo verso i vostri malcapitati partner, ma anche in cucina: non cercate di fare il soufflé perfetto se volete montare le uova con la forchetta.

PRIMO LIVELLO: INCAPACY 101

In questo primo capitolo, incapacy studiosi miei, non vi aspettate di imparare a cucinare, aspettatevi di imparare direttamente a vivere.

Se a vivere vi sembra troppo, imparerete quantomeno a sopravvivere e a sopportare la vostra stessa esistenza.

Quando mi sveglio, allo scopo appunto di sopravvivere, sono costretta a ripetermi questo mantra: *"qui nescit dissimulare nescit regnare"*, per dieci volte. Che, per chi non avesse fatto il classico, significa: chi non sa fingere non sa regnare. Io ho fatto lo scientifico, ma lo so mettere in pratica benissimo.

Quindi, in questa sezione, partirei proprio insegnandovi l'**arte dell'inganno**, ossia a mostrarvi, attraverso le vostre preparazioni, per quello che non siete: persone capaci di gestire un pranzo (uno solo, non pretendo molto) e magari la vostra vita.

BISCOTTI ALLA CAMOMILLA

Un calmante naturale per affrontare questo libro e la vita tutta

Nell'ottica di saper fingere, prima di riuscire a controllare integralmente i vostri pensieri e a dirigerli a favore di voi stessi, ma soprattutto a favore dei vostri loschi scopi, ci vorrà tempo ed esercizio.

Tuttavia, possiamo fare qualcosa anche in un primo momento, come imparare a gestire le manifestazioni fisiche di ansia da prestazione e preoccupazione. Le mani sudate su tutte, grandi traditrici di debolezze umane e fra i messaggi di commento più frequenti ritrovati nelle chat dei compagni delle medie: "carin*, peccato per quelle mani sudate, speriamo che si calmi".

Chi di speranza vive disperato muore, corriamo ai ripari. Anche perché, oltre a rovinare quella fatica immensa che avete fatto per mostrarvi disinvolti all'appuntamento, le vostre mani bollenti rovinano gravemente la frolla, preparazione base della pasticceria (vedi pagg. 36-41), in questo caso con aggiunta di camomilla, a sua volta fondamentale per la riuscita del vostro appuntamento.

Questo tipo di frolla è molto versatile, può essere aromatizzato con qualsiasi sostanza legale vi venga in mente. E i biscotti che ne derivano potete tranquillamente infilarveli in bocca a tradimento ogni qualvolta sentite che la sanità mentale vi sta abbandonando, soprattutto nel tentativo di riprodurre tutte le ricette di questo libro.

COSA VI SERVE:

per una trentina di biscotti, da circa 5 cm di diametro

- 150 g di burro
- 3 bustine di camomilla
- 250 g di farina 00
- un pizzico di sale
- 100 g di zucchero a velo
- 30 g di tuorlo, perché in pasticceria incapacy non si può essere approssimativi, quindi compratevi 'sta bilancia, grazie

Per la glassa:
- 100 g di zucchero a velo
- 1 cucchiaio d'acqua

PROCEDIMENTO:

Avete due strade, che dipendono dall'autovalutazione che farete della vostra ansia. Se è molto forte, vi suggerisco di aromatizzare il burro con la camomilla almeno 24 ore prima di qualsiasi evento dannoso da affrontare:

1. scaldate leggermente il burro in microonde, non intendo per 16 anni, la parte acquosa non si deve separare da quella grassa: il burro deve essere ammorbidito, mantenere il suo colore e l'emulsione, altrimenti la frolla vi verrà dura come la vostra testa;

2. quando raggiunge la consistenza cosiddetta "a pomata" – sì, proprio 'na crema – mettete al suo interno il contenuto delle bustine di camomilla, scaldate per un altro istante in microonde e poi coprite con la pellicola;

3. tenetelo un paio d'ore a temperatura ambiente e una notte intera a riposo in frigo, in modo che tutti gli oli essenziali della camomilla siano rilasciati al suo interno.

Altrimenti potete procedere aggiungendo la camomilla al burro direttamente in fase di impasto, insieme alla farina. Ma questa seconda scelta ha un effetto più placebo, ve lo dico.

Dunque, respirate e iniziate a preparare la frolla:

1. tagliate il burro freddo a cubetti e versatelo nella ciotola della planetaria[1] insieme a farina, sale e al contenuto delle bustine di camomilla, a meno che non lo abbiate già aromatizzato;

2. azionate la planetaria a bassa velocità, con la foglia inserita: dico a bassa velocità perché altrimenti vi ritrovate tutte le materie prime in faccia; se avete paura, poveri voi, coprite la planetaria con un canovaccio. Questo passaggio si chiama sabbiatura, se mai vi dovesse tornare utile in un talent show, ma non credo;

3. una volta che il burro si sarà sfragnato e sarà ricoperto di farina, versate lo zucchero e fate girare per 30 secondi, sempre a bassa velocità, grazie;

4. per ultimo inserite il tuorlo, a velocità media: non vi addormentate proprio

---

1 Se la frolla, invece, volete farla a mano, la sequenza è la stessa, ma dovete mettere le vostre mani bollenti e sudate in freezer per almeno 12 ore. Anche solo darvi una calmata può essere una soluzione, che non vi porterà all'amputazione delle mani causa geloni.

ora, incapacy, state su, questa azione deve essere molto veloce, solo il tempo necessario affinché l'impasto lo assorba;

5. a questo punto prendete l'impasto, avvolgetelo nella pellicola e lasciatelo riposare in frigo per almeno 10 ore, anche 12 se avete tempo.

Riposata la frolla, riposati voi, passate alla *formatura e cottura dei biscotti*:

1. stendete la frolla, e, badate bene, quando vi dico di svolgere quest'azione non vi sto dicendo "stendetevi sulla frolla": esercitando una forza media con le braccia e assecondando il movimento rotatorio del matterello, potreste riuscire a ottenere una frolla la cui superficie non sia ondulata come un elettrocardiogramma. Cercate inizialmente di muovervi dal centro dell'impasto verso l'esterno, senza privilegiare un solo lato, insomma cercate quella virtù che non avete: l'armonia geometrica. Dunque, stendete la frolla su un piano leggermente infarinato, ricordandovi sempre che la farina, anche se sta sul piano di lavoro, entra lo stesso nella ricetta, poi non chiedetemi perché questi biscotti sono gommosi, vi avverto!

2. dategli una forma a vostro piacere, spero che il vostro piacere non corrisponda al mio dispiacere, ossia la forma a cuore, termine che utilizzo solo in riferimento a qualcosa da spezzare, cucinare e mangiare;

3. cuocete a 190 °C per 15-20 minuti, in forno ventilato,[2] che avrete preriscaldato quando sarete arrivati a formare il biscotto n. 4/5. L'ideale sarebbe cuocerli su una teglia microforata, altrimenti usate una teglia rivestita di un tappetino microforato oppure di carta forno.

Se volete proprio imitare la mia raffinatezza, mescolate gli ingredienti per la **glassa** e poi distribuitela al centro di ogni biscotto già freddato. Di aggiungere i fiori di camomilla, no, non ve lo dico neanche.

Calmatevi, che anxiety is not sexy.

---

2   Se non avete idea di cosa sto dicendo, potete far riferimento alla DaD sul forno (vedi pagg. 110-113).

MINI GUIDA AGLI STRUMENTI DI CUCINA:
FATTI AIUTARE, MA DA UNO* BRAVO
*STRUMENTO

Questa non vuole essere una guida completa alla strumentazione necessaria in cucina, vuole essere direttamente la vostra lista di nozze, per quando voi incapacy, dopo una sfilza di relazioni disastrose, riuscirete finalmente a trovare chi è disposto a sopportarvi. Ma siete voi la mia croce, quindi devo necessariamente indicarvi gli strumenti che vi possono aiutare a replicare le ricette di questo libro e non solo, perché mi aspetto che, quando arriverete al termine, sarete pronti per affrontare, più o meno autonomamente, la vita e altre ricette di base, che prevedano sempre che qualcuno – non me, ma uno strumento valido – vi venga in soccorso.

Ricordatevi che se lo strumento non vi aiuta non è quello giusto; la parola "strumento" potete sostituirla con qualsiasi altro sostantivo e questa frase sarà valida in ogni ambito.

CANOVACCI: tanti e sempre puliti.

CIOTOLE: più ne avete e meglio è, preferitele in vetro e in acciaio, perché la plastica assorbe gli odori ed è difficile da sgrassare. Se poi non vi montano bene le uova, prendetevela con la vostra scarsa capacità di pulire.

BILANCIA: analogica o digitale, basta che le cose le pesiate e non facciate alla casalinga maniera (perché non avete quell'arte affinata delle nonne di paese di capire le quantità solo guardandole). Esiste anche il bilancino di precisione, per pesare ad esempio i coloranti in polvere e molte altre cose malavitose, però dovete già pensare a quando – alle 5 di mattina – i Carabinieri entreranno a casa vostra e lo troveranno: non basterà dire "sono un/una pasticciere/a", ne sono certa.

TERMOMETRO DA CUCINA:

- per la cottura della carne in forno: la temperatura va misurata al cuore, ottima idea anche per testare se i vostri flirt abbiano già sufficientemente perso la testa per voi;
- per la frittura;
- per le creme, tipo pasticciera, inglese e pâte à bombe;*
- per gli sciroppi di zucchero.

COLTELLI: di tutti i tipi, purché li affiliate spesso.

TAGLIERI: nella cucina che vorrei ne dovreste usare uno per la carne, uno per il pesce, uno per le verdure e uno per tutto il resto, per evitare contaminazioni, anche di odori. Il legno è bello e fa molto vita perfetta su Instagram, ma assorbe parecchio ed è difficile da smacchiare e pulire. Vi consiglio il polietilene.

COPPAPASTA: sono degli stampi di diverse forme e misure, spesso di acciaio o di plastica con il bordo che "coppa", nel senso che taglia. Lo so che voi usate il bicchiere per fare i cerchi negli impasti, ma il fondo del bicchiere non li taglia, al contrario li sfracella, mentre il coppapasta sì. Quindi utilizzatelo per tagliare la pasta fresca, la frolla, la sfoglia, o anche

*La crema inglese è una crema semiliquida a base di uova, latte, panna, zucchero e aromi, che non contiene amido la differenza della pasticciera, che vi spiegherò nella ricetta dei bignè: vedi pagg. 134-140). Non è semplicissima da fare data la vostra incapacity, perché deve cuocere intorno agli 80 °C senza superare mai gli 85 °C, altrimenti si straccia. Si utilizza come crema di accompagnamento o in certi dolci che non vi spiego, per non darvi idee malsane. La pâte à bombe, invece, è una base che si usa per i semifreddi o per realizzare un tiramisù più sicuro di quello che fate voi con le uova non pastorizzate. Si ottiene versando sui tuorli, mentre montano, uno sciroppo di acqua e zucchero già portato a 121 °C: una preparazione molto pericolosa per la vostra personalità di incapacy distratti.

per fare i magici impiattamenti col riso in bianco stratificato con avocado e salmone, quello per il quale vi fate rispondere "sì, chef" persino dal gatto, anche se appena sfilate il coppapasta vi si sfragna tutto, a simbolo del tracollo della vostra vita.

ROTELLA TAGLIAPASTA: il nome mi sembra abbastanza esaustivo, ma di voi non mi fiderò mai e allora ve lo spiego lo stesso: è un utensile composto da una rotella affilata, che taglia la pasta. Scusate, non vi offendete. Ce ne sono diverse versioni, a lama liscia, quella che ad esempio utilizzate per tagliare i maltagliati, i cornetti, le strisce di frolla sopra la crostata, anche la pizza. Esiste poi la versione a lama zigrinata, che si usa allo stesso modo e per le stesse cose, ma che dà loro quel tocco casalingo utile come al solito a ingannare, trasmettendo quell'aria di affidabilità e ingenuità capace di far capitolare il vostro flirt, quando in realtà siete dei diavoli reali. Serve soprattutto per i ravioli, comunque.

SCAVINO: una sorta di cucchiaino tondo che vi serve sia per fare quelle cose trash a base di palline di frutta nei cocktail sia per scavare le verdure: non è una lama, ma ha uno spessore molto fine e quindi riesce a incidere.

STAMPI PER BISCOTTI: questo consiglio è un atto di puro egoismo, dovete avere degli stampi natalizi, pasquali e di San Valentino, solo perché, sotto le feste, vedere come decorate i vostri biscotti deformi è la mia unica gioia. Per i biscotti vi potrebbero bastare anche solo i coppapasta di un diametro adatto, per farli tondi, oppure quadrati, senza infamia e senza lode, ma voi provateci con gli stampi, ve lo chiedo per piacere.

FRUSTA: quella classica, oltre alla quale ce ne sono di diversi tipi per vari usi, ce l'avete tutti, ma per me se già imparate a tenere in mano questa è una grande conquista. Vi serve per: montare, emulsionare, sbattere beceramente.

SPATOLE: dovete considerarle le vostre protesi, come per me il cellulare, purtroppo. Distinguiamo:

- **leccapentole**: per incorporare gli ingredienti, delicatamente dal basso verso l'alto (mantra da ripetervi ogni volta che entrate in cucina), pulire bene le ciotole in modo da evitare sprechi;
- **spatola a gomito**: per stendere, pareggiare gli impasti in teglie profonde,

temperare il cioccolato sul bancone (dimenticatevi subito questa informazione);

- **spatola dritta**: per pareggiare le superfici e decorare le torte, uccidere le mosche;
- **tarocco**: per staccare gli impasti dai bordi, pulire le ciotole, i tavoli, tutto, anche per predire il futuro. "Quando mi risponderà ai 30 messaggi che gli/le ho mandato negli ultimi 2 giorni?", e sul tarocco appare la scritta: MAI.

MATTERELLO: ce ne sono di mille dimensioni e materiali, come legno, vetro, marmo o plastica. L'importante è che, scegliendo il legno, vi ricordiate che dopo averlo utilizzato va lavato con molta cura, essendo quest'ultimo un materiale poroso, che tende ad assorbire qualsiasi cosa. Per iniziare, vi consiglio proprio un matterello di legno, lungo circa 45-50 cm e dal diametro di 5-6 cm: riuscirete a spianare tutto, soprattutto la mia pazienza, in modo omogeneo, senza fare mille diagonali e impicci vari. Gli altri sono belli e visivamente suggestivi, ma voi ricordatevi che siete incapacy e che alcuni di questi, come nel caso del marmo, sono molto pesanti. Sia mai che non vi ricordate le basi della fisica, quelle per cui un cilindro su un piano rotola, e vi rompete entrambi i piedi. Il legno lo consiglio anche perché, con quelle mani bollenti che vi ritrovate, non si scalda, al contrario ad esempio del marmo e del vetro.

FRULLATORE A IMMERSIONE: per le salse, le vellutate, le glasse e i cremosi, ma non per le dita. Quando dovete pulire la lama, ricordatevi sempre che prima va gentilmente staccato dalla presa, perché è un attimo che lo azionate e vi ritrovate in un film splatter di seconda categoria.

FRULLATORE O CUTTER: utile per tutto, soprattutto per ottenere le creme spalmabili e per fare le polveri di frutta secca.

PLANETARIA: è la regina, ma ce la potete fare anche con quelle manine da incapacy che vi ritrovate. Comunque, la planetaria la potete usare con il gancio per gli impasti lievitati, con la frusta per montare e con la foglia per preparazioni come la frolla e la pasta brisée. E non mi fate vedere quei ganci incrostati di impasto o quelle fruste che neanche riuscite a tenerle in mano per quanto sono grasse.

PENTOLE: se state leggendo per sapere di che si tratta, domandatevi come abbiate fatto a rimanere in vita sani e salvi fino a ora e se, per caso, ci sia una lacuna di gestione nella vostra esistenza. Prediligetele con i bordi alti, possibilmente con doppio fondo. Servono soprattutto per l'ebollizione, per preparare minestroni, zuppe, pozioni magiche per il malocchio.

PENTOLA A PRESSIONE: l'autore declina ogni responsabilità sull'utilizzo di questo raro strumento di fisica applicata in cucina, non risponde di eventuali danni a cose e persone.

TEGAMI: fondo largo, bordi bassi, doppi manici corti. Sono utili per quando, in un momento di grande autostima, decidete di smettere di mangiare sughi pronti e risotti liofilizzati e volete provare questa magica esperienza: farveli da soli.

PADELLE: fondo largo, bordi bassi, manico lungo, strumento indispensabile in ogni film horror che si rispetti, a difesa della vittima, sola in una casa dispersa nelle montagne, protetta unicamente da una porta di legno marcio. Se non avete questa problematica, potete utilizzarla per saltare le verdure, fare soffritti, riscaldare le cose che zia vi dà in comode vaschette per tutta la settimana.

WOK: fondo più stretto rispetto alla circonferenza dei bordi, serve essenzialmente per quando l'Italia non basta più e allora avete proprio bisogno della Cina, senza ovviamente avere in casa neanche la salsa di soia. In alternativa ci potete saltare le verdure, friggere o usarlo come coperchio per quando il diavolo non vi ha fatto i coperchi, ma non vi ha donato neanche l'arte dell'organizzazione interna alla cucina, che prevede per ogni padella un coperchio dello stesso diametro.

GRIGLIA: quando finirete questo libro, pollo e verdure alla griglia saranno le uniche due cose che vorrete mangiare.

STAMPI E TEGLIE: quelli che per me non vi devono mai mancare sono:
- teglia rettangolare di acciaio o di ceramica, che abbia dei bordi sufficientemente alti, di circa 5-7 cm, utile per le lasagne, le verdure al forno o la parmigiana, ma anche per fare quell'arrosto secco come lo preparate voi e per il pesce;
- teglia rettangolare dai bordi dritti in alluminio, utile per i biscotti e per il vostro dolce preferito: il rotolo al cioccolato;
- teglia rotonda dai bordi bassi, per le crostate, le torte rustiche o le pizze;
- stampo da ciambellone;
- stampo da plumcake;
- teglia da pan di Spagna, ossia tonda e con i bordi dritti alti circa 5-6 cm;
- stampi monoporzione per crostatine;
- stampi monoporzione in silicone, tondi e dai bordi dritti, ad esempio per i muffin.

TAPPETINI E TEGLIE MICROFORATE: garantiscono una cottura più omogenea a bignè, frolle, savoiardi, e in molti casi risparmiate sulla carta forno.

SAC À POCHE: la croce di tutti, perché non lo sapete usare, lo maneggiate come un operaio tiene in mano un demolitore pneumatico, solo che voi al posto dell'asfalto demolite la pasticceria, tutta. Si usa con le bocchette metalliche e serve a modellare, riempire, spararvi la crema in bocca, sempre nel rispetto dell'HACCP, porzionare i bignè sulla teglia. Lo so che voi queste cose le fate con la busta del supermercato tagliata all'angolo, ma non va bene: servono le bocchette metalliche, in modo che l'uscita della diavoleria che avete preparato sia più controllata.

OK, MA NON CHIAMATEMI
FROLLA

Che cos'è la frolla?

Nella versione classica e sacra è un impasto a base di burro, farina, zucchero, uova, aromi e sale.

Avete letto lievito?

Non mi pare.

Che ingredienti scelgo? Date un senso alle cose che fate, almeno in cucina, grazie.

- Farina: è fondamentale usare una farina debole come il vostro povero cuore, con W* 130-180.

> *Se questa lettera la usate solo per scrivere W Roma o W Inter sul vostro diario, dovete sapere che in realtà ha un senso anche per quanto riguarda le farine. A volte, incapacy, le cose si complicano necessariamente e — per spiegarvi la forza della farina — devo parlare di W: se ve la sentite, un chiarimento più dettagliato è nella DaD a pagg. 172-175, al livello 3. Altrimenti, per quello che mi aspetto da voi in questa fase, una farina 00 va benissimo. Anzi, è sprecata.

- Burro: è il grasso migliore per fare la frolla, in cui ne viene sfruttata l'idrofobia, quindi il fatto che l'acqua non se la fila proprio, tipo me in piscina a 4 anni che passavo un'ora di lezione avvinghiata e piangente in braccio al maestro Augusto. Preferite quello da panna di centrifuga, che non ha avuto il tempo di affiorare, fermentare e sapere di formaggio appena grattugiato.
- Uova: a questo punto della mia vita sono molto stanca, mi eviterei lo spiegone sul perché sia meglio comprare uova da galline allevate a terra, in libertà

e non in gabbia, però vi invito a cercare dei video esplicativi, preferibilmente non prima di dormire, che magari domani lavorate e siete già dei grandi incapacy, non potete perdere il sonno. la spesa, comunque, per fortuna non la fate insieme a me, quindi fate come vi pare. Nella frolla potete utilizzare l'uovo intero o solo il tuorlo; so che molte ricette prevedono esclusivamente l'albume, ma non vi permettete di chiedermele, perché non sono adatte alla mia personalità. Utilizzando il tuorlo, bello carico di grassi, la frolla risulterà più friabile, mentre l'uovo intero è consigliato soprattutto nelle frolle per fondi, ossia quelle sulle quali mettete quella frittata dolce che chiamate crema pasticciera, perché dà una struttura più solida e leggermente più "aerata" all'impasto, che così reggerà meglio i vostri orrori.

- Zucchero: è igroscopico, significa che gli piace l'acqua, la assorbe e cambia stato fisico, da solido diventa liquido. In cottura l'acqua assorbita dallo zucchero evapora, consentendo a lui, magico e speciale, di ricristallizzarsi a freddo, donando alla frolla la sua caratteristica croccantezza. Di base si usa quello semolato, in alcuni casi si può utilizzare anche lo zucchero a velo, soprattutto per gli impasti molto grassi: la frolla risulterà più scioglievole e con una texture più fine.

la dittatura del procedimento: non è tutto relativo, meglio che lo capiate subito.

La frolla potete prepararla in più modi:

- **metodo sabbiato**: burro freddo di frigorifero, aromi, sale e farina insieme a sabbiare, come abbiamo fatto per i biscotti alla camomilla; deve proprio venirvi una sorta di sabbia marina, a cui poi va aggiunto lo zucchero e infine le uova;
- **metodo classico**: burro plastico tipo il pongo, zucchero, aromi e sale impastati insieme, poi le uova e solo alla fine la farina;
- frolla montata, proprio come voi piccoli incapacy presuntuosi: burro a pomata, quindi che deve avere proprio la consistenza di quelle creme da viso in barattolo che non so neanche come si chiamano, montato insieme allo zucchero a velo e agli aromi, finché non diventano pallidi come una giornata di gennaio. Inse-

rite poi le uova premiscelate, ossia già sbattute con una forchetta, a temperatura ambiente, altrimenti vi si risolidifica il burro e ridiamo. Solo alla fine unite la farina ben setacciata.

State cercando un equilibrio, l'ho capito, ma dovreste iniziare dal bilanciare la vostra vita. Tuttavia, nell'ottica di presentarvi al mondo almeno con una teoria, vi darei le linee guida per farlo con la frolla, perché che già lo fate lo so, ma so anche che lo fate completamente senza senso e a sentimento:

- la somma del peso di zucchero e burro non deve superare il peso della farina.

Asciugatevi le lacrime, vi spiego anche le uova:

- la regola aurea è che, per definire il peso delle uova, dovete fare questo rapido calcolo $\longrightarrow$ peso di tutti gli altri ingredienti (somma di burro, zucchero e farina) : 10 = peso delle uova necessarie;
- complicazioni:
  opzione a) se il peso del burro è superiore alla metà del peso della farina, per definire quello delle uova dovete sempre fare la divisione di cui sopra, ma poi dovete leggermente modificare il risultato, calcolando, per ogni 50 g di burro in più, 20 g di uova in meno;
  opzione b) se il peso del burro è inferiore alla metà del peso della farina, dovete invece calcolare, per ogni 50 g di burro in meno, 20 g di uova in più, chiaramente sempre partendo dal risultato della divisione.

State piangendo? Questo era lo scopo, affidatevi a chi le cose le ha fatte prima di voi, non contando con le dita sulla bocca, che è anche poco igienico e se vi vedo farlo vi vengo a staccare i polpastrelli.

Visto che quando spiego mi dite sempre "sì sì, ho capito", ma alla fine non avete capito niente, eccovi messi alla prova, vi lascio un rapido e banale problema, potete inviarmi la soluzione e ve la rimanderò corretta.

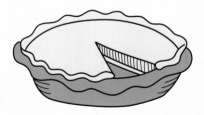

PROBLEMA:

Alla signora Pacy Inca è caduto sul ricettario un litro di caffè, deve fare una pasta frolla per la festa del paese, purtroppo le si è cancellata la quantità di uova prevista nella ricetta. Quel poco che è rimasto della ricetta dice:

- 3500 g di farina;
- 1750 g di burro;
- 1500 g di zucchero;
- .... di uova;
- aromi a scelta.

Il candidato ricalcoli il peso delle uova alla luce delle proprie esperienze personali e di quanto assimilato durante l'anno scolastico.

SOLUZIONE:

Alla signora Pacy Inca occorreranno .... g di uova.

Voglio fa' una frolla al cacao, ma mi si è rotto Google e non riesco a scrivere "dosi frolla cacao" e allora me le devo calcolare. Anzi, la voglio fare alla nocciola e al frutto della passione liofilizzato.

Cose che posso inserire nella frolla senza modificare la ricetta:

- i dispiaceri e le spezie;
- la mitica frutta a guscio, che sta a pezzi come noi, ma un po' meglio di noi. Usatela in granella;
- il cioccolato in ganache (che, per quello che interessa a voi, è un'emulsione di cioccolato e panna).

Cose che non posso inserire a caso:

- il cacao: per non modificare la ricetta non deve superare il 10% del peso totale della farina, quindi su 100 g di farina potete sostituirne al massimo 10 g con il cacao. Scusate se vi offendo con questi rapidi calcoli, ma tanto non mi interessa;
- la frutta a guscio in polvere: di base la quantità aggiunta non può superare il peso dello zucchero e, comunque, dovete considerarla alla stregua della farina, quindi se la aggiungete dovete applicare quei magici calcoli di cui sopra. Esempio pratico: ho 1000 g di farina, 500 di burro e 600 di zucchero, voglio aggiungere 200 g di polvere di frutta secca. Il peso totale delle polveri diventerà 1200 g, il burro automaticamente non sarà più la metà del peso della farina (peserà 100 g in meno di questa metà). Quindi, se per ogni 50 g di burro in meno devo aggiungere 20 g di uova al risultato della divisione che vi ho scritto a pag. 38, dovrete aggiungere 40 g di uova. A questo punto potete cantare: "la matematica non sarà mai il mio mestiere", lo scopo è sempre farvi desistere, non vi avventurate in sostituzioni casuali, fatevi aiutare dalla logica, altrimenti fidatevi di chi ha già bilanciato gli ingredienti per voi.

Sono una persona un po' materiale, ho lavorato troppo l'impasto.

L'impasto troppo lavorato si dice in gergo che "è bruciato". Questo significa che, oltre a essere dei grandi rozzi, avete fatto in modo che il burro si sciogliesse eccessivamente ed entrasse nella farina, ottenendo così una pasta talmente dura che se vi cade sul piede vi devono operare.

Cosa fate? Lo buttate? No incapacy cocoriti, lo spruzzate con acqua fredda e lacrimoni freddi, perché?

Magia. Scherzo, il motivo è che, grazie alla temperatura fredda dell'acqua, il burro si riprende un pochino e riesce a riamalgamarsi bene a tutto il resto, perché se qualcosa va male nella frolla c'entra quasi sempre il burro, e quindi le vostre mani bollenti e incapacy.

Il lievito, perché?

In linea di massima, per quello che dovete fare voi è assurdo usarlo nella frolla, a meno che non vogliate preparare dei biscotti da inzuppare la mattina nel caffellatte: a tale scopo ha senso, perché il lievito chimico permette di creare una struttura particolare, con delle bolle d'aria, che favorisce l'entrata dei liquidi nel biscotto. Controvoglia, vi devo dire 20 g su 1 kg di farina.

Non lo mettete a contatto con i grassi, altrimenti si genera una saponificazione e vi viene mal di pancia, ve lo meritereste pure.

Tempi e temperature:

- la pasta frolla deve riposare 10-12 ore in frigo, tipo i bambini;
- la cottura è consigliabile che avvenga fra i 160 °C e i 190 °C in forno ventilato (per capire a cosa mi riferisco, andate a pag. 110 prima che mi innervosisca).

LA LASAGNA
Un inganno organizzato con coscienza e volontà

Se si potesse risalire all'evento principe dell'inganno, che sottende ogni relazione amorosa più o meno longeva, senza dubbio sarebbe il primo pranzo domenicale a casa dell'altro. Inconsapevolmente, è in quell'occasione che avete dato un'impostazione alla vostra storia d'amore, ed è lì che avreste dovuto analizzare i segnali sul vostro possibile futuro. Al contrario, quindi, di come fate sempre, ossia attendendo, dopo essere tornati a casa, che l'altro vi scriva per darvi un feedback positivo del tipo "sono stat* benissimo".

Di solito io, quando mi piaceva qualcuno, conscia dei miei problemi evidenti a livello di gestione della casa e costanza nei rapporti, per ingenerare nell'altro il desiderio di volermi per sempre, senza pensare prima a interrogarmi se volessi io l'altra persona, ricorrevo all'inganno. E attingevo con malafede a quelli che credo siano i ricordi di infanzia di chiunque abbia avuto una famiglia non disfunzionale: le domeniche da nonna con la lasagna.

Ovviamente questo evento ha una valenza universale, sia per chi realmente lo ha vissuto come esperienza affettiva, sia (e con risultati migliori) per chi non ha mai avuto nessuno che si prendesse cura di lui/lei. Insomma, in entrambi i casi permette di colmare sempre con grande malvagità i demoni altrui. Quasi tutti ci sono cascati, qualcuno più, qualcuno meno.

La lasagna, dunque, non è altro che la metafora del vostro futuro e di quello che l'altro metterà in campo nella vostra storia. Dopo aver visto come il vostro partner l'ha stratificata, non varrà dire "ti sei presentato per quello che non sei" o "all'inizio non eri così", perché è chiaro che l'altro vi risponderà: "ti ho fatto la lasagna, mi sembrava più che evidente come fossi, no?".

Siamo sempre tutti allo stesso modo, solo che godiamo della lente di distorsione dell'altro, che prima o poi cade, ma a quel punto già vi sarete infognati in relazioni consolidate male. O forse no, se continuate a seguirmi, dato che sto per spiegarvi come leggere la lasagna, onde evitare storie infelici e sorprese che tranquillamente potevano non esserlo: era tutto lì, lo dovevate solo notare.

La lettura della lasagna è quasi più scientificamente provata della lettura della mano: c'è un aspetto da decifrare nella stratificazione, senza ricorrere alla psicologia spicciola. Bisogna individuare ciò a cui è stata data la massima priorità, se alla perfezione della fetta tagliata o al contenuto.

LA TUA LASAGNA MI PARLA DI TE

100% STRATI – 0% SUGO = matrimonio infelice

Durata: fine del rapporto entro 2 anni dal matrimonio, divorzio non concesso nel breve termine perché non si vuole essere allontanati dalla parrocchia e non ci si vuole macchiare di tale onta.

Profilo psicologico: la persona non ha la minima preoccupazione di garantirvi qualcosa nella vita, vuole la fetta perfetta, il partner magro, non vi ha invitato con il pensiero di un progetto di vita. Dimostra un narcisismo lieve, non patologico ma comunque dannoso. Alla vostra incauta osservazione: "certo un po' di sugo potevi mettercelo", risponderà: "lo faccio per te, per mantenerti bell* e magr*", gravissimo.

Realtà: scopert* altr* 4-5 amanti in Belgio, Olanda e Pakistan.

Soluzione: allontanarsi subito dall'abitazione con una scusa, come "mi è scoppiato il tubo dell'acqua", "lo spirito del mio gatto è rimasto incastrato sulla tromba delle scale", "devo scappare".

50% STRATI – 50% SUGO = narcisismo patologico

Durata: fino alla crisi dei 50 anni.

Profilo psicologico: la persona mette in campo quella che ritiene essere la proporzione di sfoglia/ragù comunemente considerata perfetta, vuole presentarsi equilibrata e onesta mostrando tutto quello che ha, molto probabilmente niente.

Realtà: ha pianificato anche le vacanze del 2050, tutte senza di voi, si è preparato pure il discorso: "che ci vieni a fare con i miei amici di Dungeons & Dragons? Alla fine il tuo personaggio lo abbiamo eliminato, non te la prendere, ti abbiamo sostituito".

Soluzione: in questi casi dovete fare attenzione, la procedura è la seguente: assaggiare il ragù, la besciamella e la sfoglia separatamente, gli concediamo il beneficio del dubbio. Se anche uno e soltanto uno di questi elementi non vi sembra sufficiente, allontanatevi immediatamente con una scusa. Vista la pericolosità del soggetto, buttatela su voi stessi, scoppiate a piangere, iniziate a parlare di quanto avete bisogno di attenzione e supporto, economico e psicologico. Vedrete che l'altro vi accompagnerà alla porta con un grande sorriso soddisfatto, credendo di aver scampato un fosso, mentre la realtà è che vi siete salvati voi da una vita di coppia in cui ragionevolmente verrete ignorati per la maggior parte del tempo, se non per riflettere l'immagine tenebrosa e affascinante del partner. Alla vostra domanda falsa: "ti chiamo nei prossimi giorni, così riorganizziamo qualcosa?", vi risponderà: "ma certo, scrivimi quando sei a casa, stai tranquill*". Quando arriverete a casa vi avrà già bloccati su WhatsApp e su tutti i social.

20% STRATI — 80% SUGO = equilibrio incerto, sostanza molta

Durata: finché morte non vi separi.

Profilo psicologico: la persona non ha particolari proiezioni su di voi, il che vi potrebbe mettere ansia perché voi volevate solo essere scelti per sempre, ma in realtà, superata l'isteria di essere desiderati solo per essere desiderati, vi trovate davanti all'inizio di una tipica storia felice, dove non si progetta niente di particolare al primo appuntamento. L'altro vuole solo stare con voi ed essere contento nel guardarvi mangiare quella lasagna che ha assemblato per voi dando priorità al ragù, imperfetta al taglio, tendenzialmente spappolata, come verosimilmente sarà la sua personalità, però l'ha messa insieme per offrirvi una cosa buona, anche solo un pranzo.

Il soggetto vi vuole dare la sostanza, forse pure un bacetto, forse qualcosa di più: accettate tutto, ma non rimanete a dormire, che nel ragù c'è la cipolla e il bacio della mattina è fra le cause di ripensamento più grandi esistenti.

Alla vostra affermazione: "grazie, sono stat* molto bene", risponderà semplicemente: "domenica andiamo a fare una passeggiata al mare?". Ci andrete.

Ora che avete gli elementi per capire chi vi trovate davanti, potete utilizzarli per ingannare chi vi trovate davanti, atteggiamento che, ricordo a me stessa, è l'unica cosa che conta al primo appuntamento e lo scopo ultimo di questo libro.

COSA VI SERVE:

per questo losco affare, per due persone con molta fame o per qualcuno che prevede una giornata positiva d'amore, in cui ci si risveglia insieme alle 23 e si fa il bis della lasagna

Per il ragù:

- olio extravergine d'oliva
- una noce di burro
- pepe nero macinato e noce moscata, in quantità a vostro gusto, a me proprio non interessa sostituirmi a voi
- 200 g di macinato di vitello
- 50 g di pancetta dolce a cubetti o tritata finemente
- 50 g di mortadella frullata
- 1 l di brodo, ovvero un altro modo di dire acqua con il dado vegetale sciolto al suo interno. Vi vedo che storcete il naso, in questa prima fase di incapacity non disdegniamo l'industria, che spesso fa le cose meglio di voi o di vostra nonna, ricordando sempre che la nonna può essere anche la matrigna di Biancaneve, mica solo quella di Cappuccetto Rosso. L'industria, invece, vi permette di presentarvi vestiti bene e non in ciabatte, possibilmente pettinati
- 2 foglie di alloro, 2 foglie di salvia e qualche bacca di ginepro chiusi in una garza da cucina, o di quelle che usate quando vi fate male per finta e non volete andare al lavoro

- 2 l di passata di pomodoro
- sale

Per la besciamella:
- 100 g di burro
- 100 g di farina 00
- 1 l di latte fresco intero
- sale e noce moscata, non esagerate, il neutro è sempre la soluzione

Per la sfoglia:

- i soldi per comprare 500 g di quella fresca: vale lo stesso discorso del brodo, con l'aggravante che, se vi metteste a fare anche la sfoglia, visti i vostri tempi biblici di realizzazione di una ricetta, non riuscireste nemmeno a presentarvi puliti e nelle vostre capacità psichiche migliori. Consapevoli che partiamo già da un livello bassissimo, aiutatevi

- 100-150 g di parmigiano, per montare la lasagna

Messaggio del diavolo tentatore: se per caso, in un momento di grande e immotivato entusiasmo, voleste fare proprio tutto voi, brodo e pasta compresi, perché — parliamoci chiaro — siete di coccio e sopravvalutarvi è la vostra arte da sempre, ANDATE A PAG. 164 PER LA RICETTA DEI CAPPELLACCI IN BRODO. Se, infatti, lo stesso impasto lo tagliate a rettangoli, otterrete una valida sfoglia per questa lasagna. Se state continuando a leggere non lo so, ma cerco di fare il mio dovere spiegandovi con chi state parlando, se non lo aveste capito: in questo libro cerco, come si dice a Roma, di darvi una mano a casca'. Quindi non peggiorate la situazione e andate a comprare le cose che non sapete fare, perché non voglio essere accusata di aver fatto fallire una potenziale storia fantastica: in questa fase conta di più che non vi presentiate in pigiama sporchi di farina.

PROCEDIMENTO:

Iniziamo dal **ragù**. Sveglia alle 7.30, caffè, doccia, asciugata veloce ai capelli, a sistemarvi ci pensiamo dopo.

Mi piacerebbe consigliarvi di tagliare al coltello la polpa di vitello, ma io da sempre ho un forte senso di responsabilità verso quello che dico e non voglio essere denunciata per istigazione all'autoamputazione di dita e arti.

1. Scaldate l'olio e la noce di burro in una pentola capiente, possibilmente con doppio fondo. Non fateli bruciare: lasciateli per 30 secondi a fuoco vivo assieme a pepe e noce moscata.

2. Inserite il macinato, la pancetta e la mortadella e fate rosolare bene, mescolando di tanto in tanto, finché la carne non inizia a sfrigolare in modo sostenuto e vi sembra un pochino fritta. Non è il giorno *fit* ragazzi, fatevi una vita.

3. Quando siete soddisfatti, ammesso che riusciate a ritrovare una minima capacità di capire la realtà che vi circonda, aggiungete un mestolo di brodo e fate sfumare. Ripetete per 2-3 volte questa operazione.

4. Quando anche l'ultimo mestolo di brodo si sarà prosciugato, procedete aggiungendo la garza con tutti gli odori al suo interno e la passata di pomodoro.

5. Fate riprendere il bollore a fuoco vivo per almeno 15 minuti, dopodiché abbassate il fuoco al minimo, coprite con un coperchio e fate cuocere per almeno 4-5 ore, avendo cura ogni volta che vi viene in mente di controllare che il liquido non sia troppo evaporato. In tal caso, aggiungete altri mestoli di brodo.

6. Il sale vi consiglio di metterlo sempre alla fine, perché non potete prevedere con certezza quanta sapidità gli ingredienti, specialmente mortadella e pancetta, rilasceranno al ragù. Vi suggerisco di valutarla assaggiando il ragù da freddo, perché la percezione cambia a seconda delle temperature.

Mentre il ragù cuoce, preparate la besciamella, per cui il discorso che ho sostenuto sul dado e sulla sfoglia pronta non vale: voglio provare a darvi fiducia, essendo la delusione uno dei miei sentimenti preferiti, quindi ritengo che per passare al secondo livello di incapacity dobbiate riuscire a realizzarla. Certo, mi terrei nello sportello della vergogna in cucina tre o quattro confezioni di besciamella già pronta, solo perché io sento puzza di fallimento dietro ogni angolo.

Per motivarvi, può tornarvi utile un detto romano che mi ripeto sempre quando, pigrissima, devo fare preparazioni lunghe e ovviamente ingannare gli invitati su quanto sia brava a organizzarmi: "se voi er piatto che te piace, ce vo' er tempo che se coce", vale a dire che per ottenere quello che vogliamo dobbiamo rispettare i tempi di realizzazione delle cose, non solo in cucina.

1. Prendete una pentola abbastanza capiente, necessariamente antiaderente, e fate sciogliere il burro.
2. Quando è ben sciolto – non deve bollire – toglietelo dal fuoco, versate in un'unica soluzione la farina e, con una spatola, mescolate bene affinché sia del tutto assorbita dal burro.
3. Rimettete sul fuoco, vi consiglierei fuoco basso se siete alle prime armi. Quello che state facendo, se mai ve lo steste domandando, si chiama roux: tenete bene a mente quest'informazione, che dopo vi servirà.
4. Cuocete questa "melma" bianca per qualche minuto, lasciandola imbiondire fino a che non noterete che si stacca dalle pareti e dal fondo della pentola.
5. POSATE LA SPATOLA LONTANA DA VOI.
6. Prendete una frusta e, sempre girando, versate il latte, che avrete già aromatizzato con la noce moscata e un pizzico di sale, a poco a poco, possibilmente con un po' di energia e non con la vostra solita flemma.
7. Fate cuocere per circa 5 minuti, considerando che comunque si deve addensare: iniziate da subito ad analizzare le situazioni in autonomia.
8. Coprite la besciamella con pellicola a contatto e mettete da parte.

Ora tornate velocemente al test **La tua lasagna mi parla di te** e scegliete, se siete ovviamente l'ospitante, quale personalità vi si addice di più e qual è l'impressione che volete dare. Una volta che falsamente avete scelto la terza opzione, montate la lasagna[3] così, possibilmente in una teglia di 35×25 cm di acciaio o ceramica:

- 2 bei mestoloni di ragù sul fondo;
- strato di sfoglia;
- 3-4 bei mestoloni di ragù, 4-5 cucchiaiate grandi di besciamella e abbondante parmigiano;
- strato di sfoglia;
- 3-4 bei mestoloni di ragù, 4-5 cucchiaiate grandi di besciamella e abbondante parmigiano;
- procedete così fino alla fine della teglia: l'ultimo strato deve essere ricco di ragù, tantissimo parmigiano e besciamella.

Cuocete per circa 25 minuti a 200 °C in forno ventilato,[4] che avrete preriscaldato a metà stratificazione della lasagna.

 Occhi sempre aperti, incapacy, che l'inganno non sta nelle parole, sta nelle cose.

Andate a sistemarvi i capelli e a rendervi sensazionali per la truffa che state apparecchiando.

---

3 Usando la sfoglia fresca non è necessario sbollentarla prima in acqua, perché basterà il sugo della lasagna a cuocerla in forno. Se utilizzate la sfoglia essiccata, sapete cosa fare.
4 Ventilato che? Se non ne avete idea, la risposta alle vostre domande la trovate nella DaD sul forno (vedi pagg. 110-113).

CHI HA PAURA
DELLA FRITTURA CATTIVA?

Come la fate? Male, lo sappiamo già, così come sappiamo che poi vi sembra di esservi mangiati un foglio di carta assorbente intinto nell'olio. Ma come la preparate, che usate? Capire la frittura è l'unico modo per farla: sembra una banalità, infatti lo è, ma non è che sto scrivendo un trattato di cardiochirurgia e, soprattutto, sto parlando con voi, incapacy duri di comprendonio.

Partiamo dalla conoscenza delle materie prime, che è sempre buona educazione.

Oli vegetali e grassi animali:

vi fanno paura, lo so, ma vorrei accendervi l'*abat-jour* del cervello, per farvi scoprire che l'unico modo per comprendere la frittura è stare attenti alla fisica degli elementi.

Partiamo dalle basi, e forse ci fermiamo anche alle basi:

- gli oli sono di natura prettamente vegetale e, a temperatura ambiente, si presentano quasi sempre allo stato liquido. Quando, infatti, mettete in frigorifero l'olio extravergine d'oliva è perché non ne capite il valore, ma soprattutto non capite le conseguenze delle vostre azioni, anzi buttate pure i carciofini sott'olio che avete conservato in frigo, pensando che quei tocchi bianchi siano muffa. No anime, sono i grassi insaturi che si solidificano con le basse temperature, oltre a essere il segnale che il debito in chimica ve lo meritavate tutto;
- i grassi sono tipicamente animali, a temperatura ambiente si presentano allo stato solido e i più comuni in cucina sono burro, strutto e burro chiarificato, ossia quello a cui è stata tolta la parte acquosa.

Ora noi non è che dobbiamo recuperare il debito in chimica e in fisica in questa sede, anche se sono sempre del parere che alcuni di voi dovrebbero ridare allo Stato italiano i soldi spesi per gli anni di scuola dell'obbligo, perché sprecati, ma dobbiamo solo imparare a friggere.

Di cosa stiamo parlando?

La frittura è una tecnica di cottura per immersione in olio (o altro grasso) bollente.

Per immersione si intende, rimarchiamolo, che la pietanza affondi completamente dalla testa ai piedi nell'olio, non come fate con quei piedi storti a mollo in riva al mare di Rimini.

Quando parlo di immersione vi vorrei interrogare sul principio di Archimede, ma non vi voglio far strappare quel diploma. Comunque, basti pensare che, quando immergete un corpo in un liquido, il liquido si alzerà di un volume corrispondente al volume del corpo immerso. In soldoni, non arrivate con l'olio fino al bordo, altrimenti quando ci mettete 356 supplì l'olio va sulla fiamma: pompieri.

Allo stesso tempo, però, non vi spaventate quando nelle ricette leggete 1,5 litri di olio di semi di arachidi, perché è più facile che, usando solo un dito d'olio in padella, ve lo beviate poi tutto nella pietanza, a differenza di quanto accade con una frittura corretta, in abbondante olio, che risulterà più leggera e asciutta.

PUNTO DI FUMO, quello che vorrei avere io materialmente nella vita in questo momento, per mandare segnali di richiesta d'aiuto.

Nella realtà, è la temperatura a cui un grasso brucia e genera un fumo visibile. Superate queste temperature, si verifica un rilascio di sostanze nocive e il grasso diventa anche un pochino tossico, ma non ce la prendiamo con lui, gli errori li abbiamo fatti tutti. È l'equivalente del mio esaurimento nervoso, il limite di sopportazione in taluni casi è alto, ma se superato non c'è soluzione.

Per questo, incapacy miei, potreste rimediare tornando a pag. 31 e andando a vedere cosa vi può aiutare per evitare un tale inconveniente. Se siete pigri, talmente pigri che avete pure saltato la DaD sugli strumenti, vi faccio uno spoiler: il termometro, mentre non ho ancora creato una Didattica a Distanza su come non distrarsi ai fornelli, quindi se appartenete a questa categoria di persone, i dolcemente complicati, nemmeno il termometro vi può aiutare.

Ogni grasso ha il suo punto di fumo e voi non dovete raggiungerlo mai, questo lo dovete imparare come legge sacra. Meno sacre sono le tabelle in cui si danno indicazioni con la gradazione precisa del punto di fumo, perché per determinarlo entrano in gioco diversi elementi, anche in riferimento allo stesso tipo di olio, come ad esempio quanto sia o meno purificato e la sua acidità. Ma visto che siete pur sempre degli incapacy, non mi addentrerei in un ginepraio di informazioni per voi forse troppo complesse.

Insomma, di tutto questo discorso dovete apprendere solo tre concetti:

- non dimenticarvi l'olio sul fuoco quando friggete;
- rimanere in un *range* di temperatura dell'olio dai 170 °C ai 185 °C;
- usare una quantità generosa di olio per evitare il raggiungimento rapido del punto di fumo.

L'olio è caldo, ma non per sempre.

Una volta raggiunta la temperatura adatta alla frittura, la si può perdere immediatamente: lo sapevate?

Gettando 20 crocchette di patate congelate nell'olio bollente, non dovete essere dei geni in fisica per immaginare cosa accada. Se invece state aggrottando la fronte, specifico: quando avete un bicchiere d'acqua a temperatura ambiente e ci mettete il ghiaccio, che succede?

Quindi, pochi pezzi alla volta, controllando sempre che la temperatura si mantenga costante, abbassando e alzando l'intensità del fuoco.

È più semplice cuocere pietanze che sono già a temperatura ambiente, così se non sapete regolare la manopola dei fornelli avrete meno tracolli di calore dell'olio.

Un'altra cosa che non dovete fare mai è rabboccare l'olio che state usando per friggere con dell'altro olio, perché aggiungereste problemi ad altri problemi: l'olio usato sin dall'inizio è un olio già degradato e ossidato a causa del calore, che all'olio nuovo darebbe solo una mano a casca', rendendolo vecchio in partenza, ossia facendolo degradare molto prima a causa del contatto con l'olio già sderenato.

POLPETTE TONNO E FAGIOLI

Dimmi che sei alla deriva senza dirmi che sei alla deriva

Con la poca capacità di discernimento che vi è rimasta, la stessa che vi serve per capire quando attraversare la strada senza morire e quando prendere le pasticche tutti i giorni – non come me che me ne dimentico a tal punto che, quando vedo la scatola, mi chiedo: "oddio, che erano queste? Boh" – potete autoinfliggervi un altro test importante: **La tua dispensa mi parla di te**, a pagg. 56-57.

Dovrete quindi avere il coraggio di guardare e analizzare la vostra dispensa per capire come vi stanno andando le cose, perché sono sicura che non lo sapete. Questa, senza fare psicologia spicciola, anzi facciamola, non è altro che l'immagine della vostra organizzazione interna.

Poiché temo, incapacy miei, che questo coraggio non lo troverete mai, figuriamoci prima di terminare la lettura di questo libro, intanto vi faccio un esempio pratico, pratico nel senso che vi sarà capitato sicuramente: quando in dispensa vi sono rimasti solo tonno e fagioli.

Ecco, in questo caso vi dovete fermare un secondo e mettervi in ascolto, tendere l'orecchio e farvi trapassare da quella voce sibilante e giudicante che proviene dal vostro sgabuzzino: "derivaaa... Derivaaa, è finita, sei alla deriva".

Ma voi, incapacy, prima di ammettere una sconfitta nei confronti della vita e dell'altro dovete comunque mettere in campo un certo inganno.

Dovete farlo per apparecchiare meglio la situazione, ricordandovi che una deriva mascherata puzza sempre di deriva, ma che almeno un tentativo lo farei. Non come quando incontrate gli amici dei vostri ex che vi chiedono: "allora come stai?", e voi rispondete con gli occhi rotti e la faccia tirata: "una favola". Non ci crede nessuno, state a pezzi come tutti gli altri. Questo non è un tentativo, è una confessione.

Così come quando qualcuno vi passa a trovare, per accertarsi che siete ancora vivi, e avete solo tonno e fagioli. Prima di mettere i manifesti del vostro malessere, trovate delle soluzioni per sembrare un minimo equilibrati.

Allora perché aprire una scatola di tonno e mescolarla semplicemente con i fagioli, quando potete benissimo ingannare il prossimo fingendovi persone che ragionano su quello che fanno e che le proprie disgrazie le scelgono, senza subirle? Stare male, certo, è una cosa privata, dovete decidere voi con chi condividerla, ma con questa ricetta voglio darvi lo strumento per decidere se svelare la verità subito, attraverso i vostri piatti, o dirlo solo dopo dieci minuti dall'inizio del pasto, quando non ne potrete più di parlare d'altro e vorrete solo disperarvi davanti a tutti.

Introduciamo, quindi, la forma dell'inganno per eccellenza: le polpette. Qualcosa che, se ben analizzato, rappresenta il termometro dell'amore e dell'odio che chi le prepara prova per voi. Lo vedremo meglio con le polpette al sugo del livello 2, ma voi intanto ricordatevi che potreste iniziare a misurare quest'amore e quest'odio attraverso la digestione, ammesso che avvenga.

Se invece sarete voi a prepararle, non dimenticatevi mai che le polpette potranno diventare il piano B per ogni vostro errore, per ogni pietanza quasi scaduta e per ogni corpo del reato (culinario, naturalmente) che vorrete nascondere. In ultimo, anche per far ingoiare metaforicamente ogni rospo possibile al vostro interlocutore.

Se il vostro interlocutore, come quasi sempre il mio, non sta aspettando voi per ingoiare rospi e principi azzurri per intero, accompagnate questo piatto con una salsa allo yogurt greco, che lubrifica un po' la situazione.

vai al test!

~ LA TUA DISPENSA MI PARLA DI TE ~

QUANDO HAI SOLO COSE PRONTE

Se la vostra dispensa pullula di vellutate e risotti liofilizzati, sughi pronti, zuppe coreane nelle quali dovete aggiungere solo acqua bollente, non voglio criticarvi più di tanto, perché io stessa per una vita mi sono sentita Jurij Gagarin. Però vi devo ricordare che vivete qui e non siete astronauti in missione, quindi riprendete il contatto con la terra, la stessa che vi dà tutto il necessario per preparare una bella vellutata fresca, e svegliatevi, anche perché poi è vietato lamentarsi del reflusso da glutammato. A fare un sugo ci vogliono dieci minuti, calcolati sul pianeta terra, ci potete riuscire.

QUANDO HAI SOLO COSE SCADUTE

Consideratevi un pc, guardate la data di scadenza dei vostri cibi e ponetela come punto di ripristino della vostra vita. Lo so che, da quando la vostra metà vi ha lasciati, avete deciso di non comprare niente da mangiare fino al suo ritorno, però se dopo 12 anni non è tornata è ragionevole prevedere che non lo faccia più. Mi dispiace che dobbiate scoprire su un libro qualsiasi il vostro futuro, ma ritornate mentalmente a quella data e, anche in questo caso, datevi una svegliata. La guerra è finita.

QUANDO HAI SOLO COSE APERTE CHE NON HAI IL CORAGGIO DI BUTTARE

Quelle frasi da ragazz* speciali pieni di problemi, della serie "trova una persona che ami i tuoi difetti e baci le tue cicatrici sul kuore", sono la causa di tutti i vostri problemi relazionali. L'esegesi di questa frase, infatti, corrisponde a: "cerca un ago nel pagliaio", perché persone così non esistono, e se esistono, esistono per i primi 20 minuti della prima uscita, in cui fare i problematici gotici acchiappa. Solo che poi, in realtà, la gente quando torna a casa pensa: "mi so' scampato un fosso, meglio bloccarl* su tutti i social". La gente ha problemi e non ne vuole altri, almeno non ne vuole altri dichiarati con coscienza e volontà. Quindi armatevi di coraggio, buttate la roba avviata da troppo tempo e alleggeritevi un po', perché avere dentro di sé tante cose inutilizzabili e dannose equivale a non averne nessuna.

QUANDO NON HAI NIENTE, NEANCHE GLI OCCHI PE' PIAGNE, PUR AVENDO UN NORMALE LAVORO, MEDIAMENTE RETRIBUITO

Mi dispiace, ma non mi fate tenerezza. Lo sapete chi mi fa tenerezza? I vostri amici, che – vi avverto – sono tutti molto stanchi del vostro tour di pranzi e cene scroccati, state abusando della pazienza altrui e state gettando le basi per rimanere soli per sempre. Quindi, se partite da questa condizione, vi lascerei una lista di cibi che non devono mancarvi mai in dispensa, per non essere odiati da tutti e per non far capire ai vostri genitori che l'idea che non foste pronti a lasciare il nido pascoliano era veramente molto fondata:

- un pacco di pasta lunga e uno di pasta corta, rigata e non liscia per favore;
- un pacco di riso;
- una bottiglia d'olio e una di passata di pomodoro;
- sale, fino e grosso;
- crackers e pane in cassetta;
- scatolame vario, tipo tonno, legumi già cotti e qualche sott'aceto;
- zucchero;
- caffè;
- latte a lunga conservazione e, per i vostri momenti di gloria, anche la panna da cucina;
- biscotti.

COSA VI SERVE:

per 30 polpettine dal diametro di 3 cm

- LA DISPERAZIONE
- il pudore
- 1 confezione di fagioli in scatola (circa 250 g sgocciolati)
- 200 g di tonno all'olio d'oliva (sgocciolato)
- 2 uova medie
- prezzemolo tritato, in quantità a vostro gusto, appena lo trovate
- sale e pepe nero macinato, di nuovo nella quantità che vi pare

- pangrattato, 5-6 cucchiai nell'impasto e 5-6 per impanare le polpette
- olio di semi di arachidi, per friggere

Per la salsa:
- 3 cucchiai di yogurt greco
- 1 cucchiaio di succo di limone
- olio extravergine d'oliva, il famoso giro d'olio
- pepe nero macinato, una spolverata

PROCEDIMENTO:

Il procedimento per **preparare le polpette** è a prova di mancanza di raziocinio. Mi raccomando, incapacy, non fatemi perdere quel vago ottimismo che avevo quando ho scritto la prima parola di questo libro:

1. mescolate tutti gli ingredienti delicatamente, tranne il pangrattato per impanare le polpette. Evitate di spappolare eccessivamente i fagioli;
2. fate delle palline, aiutandovi con le mani bagnate se vi rendete conto di essere rimasti inchiodati fino ai polsi all'interno dell'impasto, e poi rotolatele delicatamente nel pangrattato.

Una volta pronte, potete **friggere** le polpette: quando dico "friggere", intendo immergendole in olio bollente (andatevi a ripassare la DaD a pagg. 50-53). Essendo tutto cotto all'interno, tranne le uova, i tempi di cottura sono brevi, basteranno 3 minuti circa, ma chiaramente se le fate più grandi ci vorrà più tempo.
Mescolate gli ingredienti per la **salsa** e servite.

Vedrete che certamente non andrà tutto liscio, ma almeno scenderà.

MALTAGLIATI CECI E GUANCIALE
La magica arte di sapersi vendere

Io lo so che voi agli esami, quando vi facevano le domande e non sapevate rispondere, dicevate "e, ehm, eh, al momento ho un vuoto, non mi ricordo". Questo perché ancora non avevate incontrato la regina dell'inganno, sempre io, naturalmente.

Dunque, se all'esame il professore vi chiede: "buongiorno, sinteticamente mi dica di che colore è il cielo, focalizzandosi nello specifico sul perché la sera cambi colore", e se voi in quel momento proprio non riuscite a ricordarvi la pagina, se pensavate non fosse nel programma, se volevate fare gli artisti e vi siete iscritti all'Università della Vita solo perché papà vi sta col fiato sul collo, niente drammi e rispondete così: "allora sì, gli uccelli sono degli animali vertebrati, il mio preferito è il passerotto, perché – proprio per rispondere alla sua domanda – ha diversi colori: il marrone, il marrone chiaro, il marrone chiarissimo e un po' di bianco, la notte invece non lo sappiamo perché è buio e forse dorme".

Come vedete, non vi sto dicendo di rispondere completamente fischi per fiaschi, perché gli uccelli stanno in cielo: in questo modo il professore capisce che almeno il macroargomento lo conoscete, poi se si sente preso in giro di chi è il problema? Il vostro no di certo, l'importante è uscire vivi da questo esame infernale, non vi fate intenerire.

Così a spanne, per muovervi decentemente in cucina, vi consiglierei di non mettere immediatamente le vostre lacune in bella vista, gettate su un piatto e condite con un po' di quel sugo acido che fate sempre. **È importante che i vostri limiti sappiate apparecchiarli in modo da farli sembrare delle virtù.** O, per lo meno, che il risultato della vostra ultima fatica appaia pensato e voluto proprio per quella persona, anche se non conoscete neanche la via di casa vostra.

I maltagliati sono perfetti per voi incapacy pulcini, perché per farli bene dovete farli male: dovete, quindi, semplicemente mettere in pratica la vostra solita arte, ma questa volta, invece di prendere sempre 17 e due bacioni all'esame, prenderete 24, che per me è una tragedia, ma sono sicura che voi sarete contentissimi.

COSA VI SERVE:

per mettere in pratica l'arte del casual di classe, per due persone

Per i maltagliati:[5]

- 300 g di semola rimacinata di grano duro
- 1 cucchiaio di olio extravergine d'oliva
- 150 ml d'acqua tiepida

Per il condimento:

- 150 g di guanciale, anche qui, se riuscite a non comprare quello fatto con il compensato vi ringrazio
- 2 cipollotti freschi tagliati finemente
- ½ carota e 1 costa di sedano tagliati molto finemente, quasi frullati, se riuscite a togliere i fili dal sedano il pranzo sarà molto più sicuro, magari non si strozza nessuno
- ½ bicchiere di vino bianco per sfumare, quel che resta della bottiglia lo bevete voi alla goccia e pure io, adesso, mentre scrivo
- 1 confezione di ceci in scatola (250 g sgocciolati), possibilmente di ottima qualità, dove non arriva la pazienza di mettersi ad aprire i baccelli e l'arte di cucinare i legumi secchi già lasciati in ammollo con il bicarbonato deve arrivare il denaro, per favore, non vi chiedo mai niente, almeno questo

PROCEDIMENTO:

I maltagliati originali, incapacy miei studiosi, sono con le uova, ma in questa prima fase voglio che facciate pratica con la manualità, per non rimanere inchiodati nell'impasto, non piangere davanti a un matterello e imparare che quello a cui non state attenti prima ve lo dovrete rimangiare (e in questo caso proprio mangiare) dopo. Ma soprattutto voglio aiutarvi a non sprecare la fatica delle galline con una pasta troppo dura, troppo lavorata e gommosa.

Messaggio del diavolo tentatore: se invece siete qui perché avete deciso di inguaiarvi la vita con la sfoglia all'uovo e volete proprio mandare tutto a rotoli, andate tranquillamente ALLA

---

5   La pasta fresca pesa più di quella secca, poiché, non essendo disidratata, contiene più acqua. In definitiva, vi dovete ricordare due cose sull'acqua nelle preparazioni: dove c'è acqua c'è possibilità di sviluppo dei batteri e anche l'acqua ha un suo peso, nonostante voi continuiate a chiedermene conferma. Quando portate per cinque piani di scale le bottiglie d'acqua, salgono da sole? O piangete maledicendovi di non aver comprato quella casa che costava leggermente di più, ma era in un palazzo con l'ascensore? Quindi, sì, l'acqua pesa e, nel suo caso, 10 ml equivalgono a 10 g.

RICETTA DEI CAPPELLACCI IN BRODO, A PAG. 164. Quella sfoglia, se non la chiudete, è perfetta sia per i maltagliati sia per la lasagna, però ricordatevi la vostra frase scema preferita: senza le basi dimenticatevi le altezze.

Lo so che volete prepararli su una spianatoia di legno, nella casa in montagna di nonna, con la neve fuori, vestiti di nero e con la pretesa che non vi sporchiate.

Invece mi sa tanto che lavorerete usando una ciotola dai bordi alti, a casa vostra, con un grembiule e i capelli raccolti, perché – nel tentativo di nascondere sotto il tappeto la vostra incapacity – non c'è una cosa che vi tradisca di più del trovare un capello bello incastonato nella pasta, pure se "è pulito", come rispondeva mia nonna alle facce disgustate mie e di mia sorella. Ora potete iniziare dall'**impasto per i maltagliati**:

1. prendete una ciotola e rimandate lo *show cooking* sexy che avete immaginato nelle vostre aspettative da cuochi per un giorno: dovrei essere un soggetto inclusivo, lo so, ma ricordate che vedere una persona cucinare è sexy solo se lo sa fare, nel vostro caso potrebbe essere una doccia fredda;

2. poggiate la ciotola sulla bilancia, fate la tara, mi raccomando, e pesate la semola;

3. versate quel goccio d'olio, che ora vi sembra niente, ma dopo vi salverà la vita, sia quando andrete a formare i maltagliati sia in cottura, evitando che diventino un unico blocco mal pensato, mal realizzato, mal menato;

4. versate gradualmente l'acqua tiepida e, aiutandovi con una forchetta, iniziate a farla assorbire dalla semola;

5. una volta scongiurato il rischio di rimanere incollati all'impasto, di toccare tutto e rispondere al cellulare con quelle mani sporche, impastate per circa 10 minuti. Non vi preoccupate se l'impasto risulterà molto consistente, quasi duro: si riposerà e, come tutti, tornerà malleabile e disponibile;

6. dopo aver realizzato un impasto liscio e omogeneo, come dicono quelli bravi, fatelo appunto riposare avvolto in un canovaccio o nella pellicola, a temperatura ambiente, per circa 30 minuti.

Intanto cosa fate: volevate dormi'? Non penso proprio, preparate il condimento, notoriamente pensato per chi non ha una qualità nella vita, ma deve vivere lo stesso:

1. tagliate finemente il guanciale, possibilmente a petali;
2. mettetelo a "sudare" in una pentola dai bordi abbastanza alti: abbastanza per voi, io sono 1,80 cm, per me è basso tutto;
3. quando avrà tirato fuori il grasso, bello liquido e sugnoso, aggiungete i cipollotti, la carota e il sedano;
4. quando questi saranno appassiti, come le mie speranze di farvi capire qualche concetto, sfumate con il mezzo bicchiere di vino;
5. quando il vino sarà evaporato, aggiungete i ceci con 1 litro d'acqua e fate cuocere per altri 20 minuti a fuoco basso, in modo che i legumi si insaporiscano un minimo;
6. assaggiate per controllare la sapidità, perché non potete sapere quanto sale apporta il guanciale: se necessario, salate secondo il vostro gusto.

Lo so che ci mettete tanto a fare le cose: se per tagliare il guanciale, far appassire le verdure e far sfumare il vino avete impiegato più di 30 minuti, mica starete a fissare i ceci che bollono per i successivi 20? Muovetevi e riprendete in mano l'impasto, che il tempo del suo riposo è già passato (per i lentissimi, anche 45 minuti di riposo non hanno ucciso mai nessun impasto).

Per stendere l'impasto e formare i maltagliati, prima di tutto aiutatevi dividendolo in due, la parte che non lavorate dovete sempre coprirla, mi raccomando. Adesso un attimo di attenzione: lo so che vi sembra giusto usare la macchina per stendere la pasta, ma qua non comandate voi, comando io. Quindi usate il matterello, che vi aiuta a capire empiricamente quanto siete pesanti sull'impasto e sull'anima delle persone. Dovete cercare di tirarlo tutto alla stessa altezza, in questo caso circa un millimetro:

1. su una spianatoia, spargete una quantità considerevole di semola di grano duro e poi osservate un attimo il matterello, di cui noterete le scanalature che ha sulle due estremità: ecco, su ognuna di quelle dovrete mettere una delle vostre sante dita per farvi guidare da lui;

2. possibilmente non andate sulle punte per spianare l'impasto, buttandogli addosso tutto il peso della vostra persona e della vostra infanzia, lavorate con le braccia, in modo da controllare meglio la forza, che deve essere costante sia quando stendete il centro sia quando passate alle estremità;

3. dopo aver spianato l'impasto, tagliate dei rettangoli lunghi e ripiegateli su loro stessi, mettendo fra i due strati una spolverata di semola, altrimenti vi si attacca tutto e dovete ricominciare. Questa cosa non è funzionale alla riuscita della ricetta, ma solo alle tempistiche, se tagliate strato per strato forse per Natale saranno pronti, meglio velocizzarvi;

4. a questo punto usate una rotella tagliapasta per ottenere rombi, trapezi, quadrati, tetraedri, pentagoni, più siete imprecisi meglio è. Poi, parliamoci chiaro, se la conversazione langue a tavola, quanto vi torna utile, alzando un pezzo di pasta, un bel: "tu la sai la formula dell'area del pentagono? $L^2 \times \varphi$ se la misura del lato è nota ed è un poligono regolare"; va beh ma che vi frega, mica hanno fatto tutti lo scientifico. Speriamo che l'interlocutore sia *sapiosexual*, ossia che quelle quattro cose che vi ricordate dal liceo provochino in lui/lei una tempesta ormonale;

5. una volta che avete finito il compito in classe di geometria, dividete i due strati dei maltagliati e spargeteli su un vassoio infarinato.

Vi ricordate dei ceci? O a tagliare la pasta ci avete messo 19 anni? Se così non fosse riportateli a bollore, controllando sempre che il sugo sia abbastanza lento, perché ci dovrete cuocere all'interno i maltagliati che, sono stanca di ripeterlo, rilasceranno amido, il quale è un addensante. Risultato: colla immangiabile.

Buttate i maltagliati nel sugo, **cuociono** in 2-3 minuti.

 Bevetevi 'na cosetta e andate a tavola.

Ovviamente servite con un giro di extravergine, che non ha mai fatto male a nessuno.

PIZZETTE ISTANTANEE

L'arte di dirsi la verità

Se siete arrivati fin qui, immagino che siate realmente molto stanchi, proprio come me, stanca di vedere quelle tavolette di compensato, dure come la vita, che chiamate pizza in teglia. **Quindi, riposiamoci un po' tutti: considerate questa preparazione come la ricreazione del primo capitolo, una ricetta da minimo sforzo e massima resa.** Una ricetta abbastanza sincera e che vi dà una soddisfazione istantanea, come il lievito[6] che dovete usare. Non arricciate il naso, fidatevi di me, è meglio così per tutti, soprattutto per l'intestino di tutti. Una cosa che ho imparato molto tardi nella mia vita è che, dandomi continuamente obiettivi irrealizzabili, spendevo una quantità vergognosa di energia, perdevo tanto di quel tempo che avrei potuto impiegare per fare altro, tipo dormire, la mia attività preferita, per poi raggiungere dei risultati frustranti e mediocri. Una cosa che invece ancora non ho imparato è l'autoindulgenza, evidentemente. Se uno si dicesse la verità sulle proprie capacità e procedesse nella vita passando per step intermedi, non starebbe inchiodato perennemente nella casella "prigione" del gioco dell'oca e dell'esistenza: fermo per 23 giri. Al contrario, starebbe nella sua perfetta comfort zone, e lo so che i vostri beniamini vi dicono che "la vita inizia dove finisce la vostra comfort zone": posso anche essere d'accordo, ma Icaro per uscire dalla propria, con le sue ali di cera, si è sfracellato a terra, come voi il sabato sera quando servite immangiabili pizze in teglia. Allora vi chiedo, prima di avvicinarvi al sole, volete impara' a cammina' con le scarpe da ginnastica?

Il lievito di birra e, ancora di più, il lievito madre sono dei piccoli esseri viventi, come dei bambini: sono sensibili alle temperature, al sale, al caldo, all'idratazione, all'igiene e alle paroline dolci. Soprattutto nel caso del lievito madre, bisogna avere talmente tante accortezze che forse se vi prendevate un gattino era meglio, vi faceva pure compagnia.

Io non sono una fanatica della panificazione, perché sono una persona che

---

6   Si tratta del lievito istantaneo per torte salate, uno di quelli che consentono di ottenere la lievitazione chimica. Questo tipo di lievitazione, infatti, avviene per mezzo di sostanze chimiche che, a contatto con l'acqua e con il calore del forno, sono in grado di generare anidride carbonica. La più comune è il bicarbonato di sodio, ma voi sicuramente conoscerete anche il cremor tartaro, dato che avrete provato almeno un centinaio di volte a fare la chiffon cake.

ha poca capacità di proiettarsi nel futuro, immediatissimo, anche di 10 ore, ma soprattutto perdo subito la pazienza. E poi trovo più soddisfazione a far fare la pizza a chi ne è davvero capace e a mangiarla comodamente seduta. Io, ma voi no, perché vi ho visti, durante il lockdown del 2020, con quegli impasti che avevano evidentemente lievitato troppo, carichi di lievito di birra, eppure condivisi sui social con foto accompagnate dal commento "idratazione 70%". Sì, ma lievito 300%: non vuole essere una critica, certo che vuole esserlo, provate a seguirmi per piacere.

COSA VI SERVE:

per questa gioia immediata, sotto forma di una ventina di pizzette dal diametro di 6-7 cm

Per l'impasto:
- 600 g di farina 00
- 200 ml d'acqua
- 20 g di sale
- 3 cucchiai di olio extravergine d'oliva
- 15 g di lievito istantaneo per torte salate

Per i condimenti:
(per tutte e 20 le pizzette ho usato 150 g di mozzarella)
- margherite: 4-5 cucchiai di passata di pomodoro, 1 spicchio d'aglio, olio, sale e mozzarella
- patate e mozzarella: 1 patata, olio, sale, mozzarella o qualsiasi altro formaggio decidiate, non mi interessa
- zucchine: 2 zucchine romanesche, olio, cipolla e uvetta
- mortadella e pistacchi: 2 fettine di mortadella e granella di pistacchi
- stracciatella e alici: 2 cucchiai di stracciatella e 4 filetti di alici
- uova e bacon: 2 uova e 3-4 fette di bacon

PROCEDIMENTO:

In questo caso potete procedere proprio come fate sempre, quindi a caso, e non verrete puniti né dalla Divina Provvidenza della Cucina, né dal sindaco dei panificatori totalitaristi né da me, pensate che bello. Cominciate dall'impasto:

1. mettete tutti gli ingredienti per le pizzette in una ciotola, come sempre aiutandovi con una forchetta per incorporare la farina nell'acqua;

2. quando siete sicuri di non rimanere incastrati come la spada nella roccia, passate sul piano di lavoro, leggermente infarinato, e impastate;

3. dopo aver impastato per circa 10 minuti, il composto risulterà abbastanza liscio e omogeneo, ma anche se non dovesse esserlo avete dalla vostra parte la scienza: il lievito istantaneo, se la vedrà lui;

4. coprite l'impasto con la pellicola e lasciatelo a temperatura ambiente, a riposo, per 20 minuti.

In questi 20 minuti tagliate la mozzarella a cubetti e preparate i **condimenti che prevedono una cottura**:

- per le margherite, cuocete la passata con aglio, olio e un pizzico di sale;
- per la versione con patate e mozzarella, tagliate la patata a fette sottili e ripassatela in padella con olio e sale;
- per le pizzette con le zucchine, tagliate queste ultime a rondelle e cuocetele in padella con olio, cipolla e uvetta (precedentemente ammollata in acqua tiepida per 10 minuti);
- per quelle con uova e bacon, cuocete le uova strapazzate in una padella antiaderente, salatele leggermente e se volete pepatele. Mettetele poi da parte e rosolate il bacon nella stessa padella.

Fatti i condimenti, ammesso che siate riusciti a non bruciare le zucchine e a non far attaccare le fettine di patata alla padella, passate alla **formatura e cottura delle pizzette**:

1. riprendete l'impasto e dividetelo in palline da circa 30-40 g;

2. stendete ogni pallina a un'altezza di circa 0,5 mm, cercando di darle una forma più tonda possibile col matterello, ricordandovi sempre di non buttarvici sopra e di lavorare soprattutto con le braccia, assecondando il movimento rotatorio del matterello senza interferire con le vostre crisi di inferiorità;

3. quando sarete arrivati a formare la pizzetta n. 10, preriscaldate il forno a 200 °C;

4. ora prendete una bellissima padella antiaderente, fatela riscaldare a fuoco medio, iniziate a cuocere le vostre pizzette, due minuti circa per lato: non vi preoccupate se si scuriscono in alcuni punti, vi daranno quel tocco di af-

fumicato che molti cercano attraverso mille strumenti e a cui voi ci arrivate così, con il minimo sforzo.

5. A questo punto procedete così:

- per le margherite, conditele con il pomodoro, aggiungete qualche cubetto di mozzarella e passatele in forno per 3 minuti a 200 °C;
- per quelle con patate e mozzarella, posizionate su ogni pizzetta qualche cubetto di mozzarella, mettete sopra le patate e poi 3 minuti in forno a 200 °C;
- per la versione con le zucchine, idem: prima qualche cubetto di mozzarella, poi le zucchine e l'uvetta e infine in forno, sempre a 200 °C per 3 minuti;
- per le altre, non credo di dover spiegare oltre, ma se volete lo faccio: aggiungete sopra gli ingredienti, incapacy.

Ora potete mangiare sereni, però ricordatevi che la ricreazione è finita.

FIORI DI ZUCCA RIPIENI

Due strade percorribili, entrambe vere ed entrambe false

Va bene, avete deciso di preparare un fritto, non vi critico. Anzi, non vi critico più di tanto, perché dovete comunque tenere presente che il fritto vi parla.

Il mondo, infatti, si divide in due grandi scenari:

- chi prepara il fritto prima dell'arrivo dell'ospite e lo mette bello ad ammollarsi nel forno acceso a 40 °C;
- chi prepara il fritto live, davanti a voi, in piedi, aspettando che vi ustioniate la bocca col liquido delle mozzarelline.

Che vi dico, i più grandi teorici del fritto non si sono ancora espressi su cosa sia più conveniente, ma è comunque chiaro che le variabili sono davvero moltissime in questo settore, che ancora non vuole essere paragonato a una scienza esatta. Tuttavia mi sento di darvi delle indicazioni per capire chi realmente ha sviluppato una forte abnegazione nella vita: la persona che non è interessata a puzzare di fritto quando si stenderà accanto a voi, pur di farvene mangiare uno espresso.

Chi invece è leggermente più autocentrato e non è interessato proprio del tutto a cosa vi propone, ma solo a profumare, se ne fregherà della croccantezza e della fragranza.

In entrambi i casi, i due soggetti potrebbero avere già una forte sicurezza sul dopo pasto, qualcosa che vi farà dimenticare l'odore di fritto o qualcosa che vi farà dimenticare la pesantezza di stomaco causata da un fritto riscaldato in forno per 2 ore.

Come dicevo, le due strade sono entrambe percorribili. Certo, qualcuno potrebbe chiedermi di esprimere un parere personale, ma chi è che me lo può chiedere nel mio libro, in cui non ho un interlocutore attivo? Nessuno, la mia condizione preferita.

Allora lo dico e basta. Sceglierei la strada del fritto espresso, perché quando la persona andrà via da casa vostra si ricorderà del vostro odore e di che bei fiori di zucca fumanti potrete garantirgli. È un modo in più per ingannare e far credere all'altro che siete disposti al sacrificio personale, pur di soddisfarl*, anche se in realtà non sa in che razza di guaio si sta infilando.

Una tipologia di ospiti dalla quale, invece, dovete allontanarvi subito, simulando un malore vostro o di uno dei vostri parenti, è quella delle persone che – mentre preparate il fritto espresso – parlano a ruota, non lo mangiano e, al vostro invito: "mangia che si raffredda", rispondono: "no dai, ti aspetto", inondandovi poi di un fiume di parole senza senso, al punto che voi non riuscite neanche a guardarli in faccia presi dalla frittura.

Questa categoria è satanica, è quella che consapevolmente spreca la vostra fatica, non la valorizza e che, verosimilmente, forse non la comprenderà mai. Saranno sempre ingrati e vi inonderanno di parole ogni sera nei loro monologhi, che possono essere riassunti in "lavoro solo io, quanto lavoro io, quanto fatico, che brav* che sono, come sei fortunat* a stare con me, oddio come ti chiamavi tu?".

Li avevate invitati per ingannarli e farvi amare per sempre, invece stanno provando a ingannarvi loro, con quella finta cortesia completamente casuale. Per loro non delineiamo neanche un dopo pranzo o un dopo cena, delineiamo solo la dipartita veloce.

Per gli ospiti che invece i vostri sforzi li meritano, vediamo come fare per acchittare questo appuntamento, che dovete sperare vada bene, perché altrimenti il profumo del fallimento lo sentirete inutilmente per giorni, ferendovi, piangendo ogni volta che rientrate in casa.

COSA VI SERVE:

per 15 fiori di zucca

- 15 fiori di zucca

Per la pastella:
- 5 g di lievito di birra compresso
- 290 ml d'acqua tiepida,[7] che, ricordo a me stessa, corrispondono a 290 g di acqua
- 250 g di farina 00
- 2 cucchiai di parmigiano
- sale e pepe nero macinato

Per il ripieno:
- 250 g di mozzarella, che se non la lasciate un po' a scolare sulla carta assorbente vi fa scoppiare l'olio in frittura, concludendo così una cena che magari prometteva bene
- un vasetto di alici sott'olio o di pasta di alici, se oltre a essere incapacy avete paura delle spine

- olio di semi di arachidi, per friggere

---

7   Quando dico tiepida, prendetemi alla lettera: non vi azzardate a usare l'acqua bollente, perché tra i 50 °C e i 55 °C il nostro caro lievito di birra muore.

PROCEDIMENTO:

Lo so che volete fare i lievitati, che volete fare il panettone, la babka, la pizza, allora vi accontento: la pastella è un lievitato, giuro che deve lievitare. Fatela così:

1. fate sciogliere il lievito in un bicchiere d'acqua (presa da quei 290 ml);
2. in una ciotola mescolate farina, parmigiano, un pizzico di sale – pizzico di persona normale, non gigante come me – e pepe;
3. versate il lievito sciolto nella ciotola e iniziate a mescolare con la frusta;
4. unite la rimanente acqua gradualmente, girando sempre con la frusta. Prima di farlo, però, sinceratevi che l'acqua sia realmente tiepida, perché se per fare i primi tre passaggi ci avete messo 40 minuti, l'acqua sarà tornata fredda;
5. coprite la pastella con la pellicola e fatela riposare per 30-40 minuti nel forno spento con la luce accesa.

In questi 30-40 minuti, dite che ce la potete fare a preparare il ripieno e farcire i fiori di zucca? Secondo me sì:

1. tagliate la mozzarella in rettangoli fini e lunghi e mettetela ad asciugare su un po' di carta assorbente;
2. mettete a scolare le alici, se le usate e se vi rimangono due minuti;
3. ora prendete i fiori di zucca, infilateci dentro un rettangolo di mozzarella e un'alice intera, ma anche metà se non volete bere acqua tutta la notte.

E poi passate alla frittura:

1. scaldate l'olio di semi in una pentola stretta e alta, o comunque abbastanza stretta da non dovercene mettere 30 litri per avere un'altezza di almeno 10 cm di olio. Portate l'olio a 175-180 °C (per le specifiche su quello che state facendo e sul perché lo state facendo – se ve lo chiedono, perché non penso che vi interessi – tornate alla DaD sulla frittura, vedi pagg. 50-53);
2. tenendo i fiori di zucca paralleli al piano, con una forchetta immergeteli nella pastella e poi tirateli su lasciando colare un po' di pastella, altrimenti vi vengono delle cose deformi e spaventose. Lavorate in modo logico, muovendovi da destra verso sinistra e con tutto l'occorrente in linea;

3. cuocete i fiori nell'olio bollente e, con una schiumaiola, tirateli su dopo 2 minuti circa;
4. metteteli a scolare sulla carta assorbente.

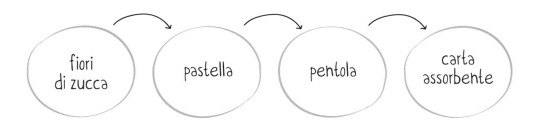

fiori di zucca → pastella → pentola → carta assorbente

Se il tempo che avete a disposizione è minimo e la vostra love story non può iniziare al profumo di capelli che sanno di fritto, potete farvi un bel turbante. Vi do le indicazioni per crearne uno semplice, perché altrimenti scrivevo un libro sulle acconciature:

1. fatevi una cipolla bassa;
2. prendete un foulard abbastanza ampio, meglio se quadrato, e usatelo per coprirvi la testa dall'attaccatura frontale dei capelli alla coda;
3. arrotolate il foulard e fatelo girare intorno alla cipolla;
4. tenete il tutto fermo con un elastico.
   Vivete il vostro amore profumato.

MY HOUSE MY RULES
GALATEO MODERNO:
PER NON FARVI ODIARE PER SEMPRE
DA CHI VI HA INVITATI A CASA PROPRIA

Orario:

- se uno vi invita alle 13, non significa né le 12.30 né le 12.45. Significa le 13 se siete medio-educati, le 13.30 se siete comprensivi;
- la mezz'ora accademica dovrebbe essere obbligatoria per dare tempo a chi cucina di prepararsi.

Stop alla dittatura dei bambini:

- se i vostri bambini mangiano alle 12 in punto, significa che mangiano a casa: non imponete il loro orario;
- se i vostri bambini non mangiano tutto, portate loro qualcosa da riscaldare: non imponete il loro menu, soprattutto se magnano solo pasta al sugo;
- se i vostri bambini piangono dalla fame, gli infilate in bocca un pezzo di pizza bianca (che però il padrone di casa dovrebbe comunque avere a disposizione) e non mettete ansia a chi sta cucinando con domande tipo: "ma a che ora pensavi di mangiare?", "come ti organizzi di solito?".

Il menu:

(a meno che non abbiate allergie o intolleranze)
- non si chiede il menu prima di accettare un invito;
- non si declina un invito dopo aver saputo il menu;
- a meno che qualcuno non ve lo domandi espressamente, non si fanno richie-

ste specifiche sulle pietanze che vorreste mangiare, esiste un luogo deputato a questo: il ristorante;
- non si commenta a tavola la scelta delle pietanze, magnate in silenzio.

Vino e dolci:
- se alla vostra domanda: "porto qualcosa?", vi viene risposto: "se vuoi il vino sì, grazie", limitatevi a chiedere "bianco, rosso o bollicine?"; il sommelier improvvisato che vuole studiare l'abbinamento giusto ha stancato tutti per questa vita e per la prossima;
- se di vostra iniziativa portate una bottiglia, consideratela un *cadeau*, non pretendete che venga aperta;
- i dolci portateli solo se richiesti, altrimenti scavalcate chi vi ha invitati, con quei ciambelloni secchi che fate.

A Roma si dice "bussa coi piedi".
Il che significa: non venire a mani vuote.

Portate un fiore, un libro, una candela, che il padrone di casa puntualmente butterà appena varcherete la porta per andarvene, oppure un pensiero per i bambini o per i cani, se ci sono.

Basta intromissioni in cucina:
- se dovevate cucinare voi, sporcavamo casa vostra, se vi invito io non potete aggiungere ingredienti alle mie preparazioni;
- per lo stesso motivo, se vi invito io non dovete portare qualcosa da mangiare senza chiedere, altrimenti magnavamo a casa vostra;
- se ritenete opportuno dire che le cose voi le fate "in modo diverso", indovinate? MAGNAVAMO A CASA VOSTRA.

State seduti, voi. Per i vostri bambini portate dei giochi o qualcosa che li impegni.

Il mio sogno è arrivare a casa di qualcuno, sedermi, mangiare, bere e andare via, non vi piace? Se non vi piace, fatevelo piacere, perché:

- no, non voglio una mano a cucinare, soprattutto se la mia cucina è di 2 m²;
- no, non mi dovete mettere a posto le cose, perché non sapete dove vanno e spreco più tempo a spiegarvelo che a farlo;
- no, quel quadro sta bene dove sta, non mi interessa che avevate cominciato il corso di interior design 15 anni fa;
- no, non potete entrare in camera da letto o nel ripostiglio, perché forse sono in disordine, anzi quasi sicuramente lo sono;
- potete raggruppare i piatti sporchi sul tavolo e portarli in cucina, perché no, non sono il/la cameriere/a.

Dipartita:

questo dipende da chi vi invita, sono esonerati i migliori amici.

Il pranzo:

- pranzo del sabato: va bene rimanere anche fino alle 18, se i padroni di casa sembrano interessati alla vostra presenza; segnali che non depongono a vostro favore sono sbadigli, uno dei padroni di casa che si va a sdraiare in camera, accensione della tv sulla soap opera preferita;
- pranzo della domenica: alle 16 dovete iniziare a dire "s'è fatta 'na certa", poi decidete cosa fare in base alla reazione del padrone di casa, che potrebbe insistere per avere ancora la vostra presenza o rispondervi, alla velocità della luce, "ok va bene ci vediamo presto, ciao". D'altronde la gente il lunedì lavora, si deve lavare i capelli e dare una sistemata.

La cena: difficile dire l'orario della dipartita, dipende da che piega prende la serata e dai vostri taciti accordi sul dopo cena. Tendenzialmente direi di suddividere le opzioni per giorni:

- da lunedì a giovedì: vi hanno invitati perché non vogliono sprecare il week-end con voi inchiodati in casa, quindi vi schedulano nell'infrasettimanale per farvi andare via alle 22.30 massimo. Andatevene alle 22 per ripicca;

- venerdì e sabato: se capite che siete stati invitati per il piacere della vostra presenza, potete anche andare via per le 23.40, dopo mezzanotte il piacere è un attimo che si trasformi in dispiacere;
- in qualunque giorno siete stati invitati – e se avete più di 15 anni – vietato prendersi una grossa sbronza e non sapere come fare a tornare a casa, costringendo gli altri ad attendere che vi passi o addirittura a invitarvi a restare per la notte.

SAPETE CHE POTETE FA'?

Portarvi via l'immondizia, è un gesto di altruismo massimo.

SECONDO LIVELLO: INCAPACY JUNIOR

L'incapacy junior è affetto dalla peggiore forma di incapacity. È messo in ombra dall'incapacy dottorato, quello che sa le poesie di Pascoli a memoria e ti completa l'elenco dei sette nani, ma non ha nemmeno le stesse problematiche dell'incapacy 101, che brancola nel buio della cucina muovendosi in modo pericoloso.

L'approccio alla cucina dell'incapacy junior è dunque quello più preoccupante: è acritico e presuntuoso, casualmente un giorno gli sono riusciti i bignè a occhio e, da quel maledetto giorno, ha deciso di aprire un blog pieno di foto mosse.

Principalmente in questo secondo capitolo, una volta gettate le basi per ingannare l'altro e decifrarne i profili psicologici, anche psichiatrici se siete molto attenti ai dettagli, saliamo leggermente di livello: la domanda che deve piombare su di voi in ogni momento della vostra vita è "che cosa cavolo sto facendo?". E la risposta sarà sempre "non lo so", ma voi continuate a leggere e vi prometto che, alla fine del terzo capitolo, vi sarà tutto chiaro. In particolare, spero di riuscire a farvi capire che nessuna delle cose che fate, piuttosto male, è casuale.

POLPETTE AL SUGO

La chiromanzia che vorrei

A questo punto della narrazione siete pronti per affrontare una ricetta romantica, che parla di fiducia e di inclusione, in cui voi ovviamente sarete sia gli eroi che i villani, i cattivi per intenderci.

"Se vai al ristorante, non toccare le polpette": se avesse potuto mettersi contro la lobby delle polpette, ma ai tempi era impensabile, Johnny Stecchino avrebbe detto così nel celebre film di Roberto Benigni. Per fortuna, però, i tempi sono cambiati e il focus si è evoluto: non siamo più così superficiali da parlare, genericamente, della scontata insalubrità delle polpette che ci vengono servite (a proposito, vi invito a consultare la DaD su come ci si comporta al ristorante, vedi pagg. 198-201), ma applichiamo un metodo scientifico, procedendo direttamente con un'analisi chimica qualitativa e quantitativa per accertarci su cosa ci sia davvero al loro interno, in qualsiasi contesto.

Lo scopo è sempre lo stesso: capire i segnali che ci vuole mandare il mondo, ma che noi più o meno coscientemente ignoriamo, nei nostri deliri di onnipotenza. Anche qui, come nella lasagna, era tutto nelle polpette e non lo sapevate.

Quella delle polpette è un'analisi costosa ed è quasi sempre fuori tabella, il che – per chi non conoscesse il gergo tecnico, io sono perito chimico e lo conosco – significa che ha i parametri tutti sballati, appunto fuori dalle tabelle di riferimento. Eppure è un investimento davvero proficuo, perché vi permette di conoscere il futuro.

Nella chiromanzia che vorrei, al posto della palla di vetro ci metterei una bella polpetta a predire le nostre sorti amorose. Perché realmente nelle polpette c'è di tutto, solo che nel letale mix di formaggi, pane raffermo e voglia di illudersi sembra che qualsiasi elemento possa passare in secondo piano, quando invece questo è l'unico ambito in cui il detto "quello che non strozza ingrassa" non è vero.

Le polpette vanno più o meno tutte giù, ma la digestione è il momento della verità, che di solito equivale all'anniversario del primo anno di fidanzamento, in cui la magia è finita, andate in pace, e se nelle polpette ci avete pure messo i nodi di capelli che vi si erano incastrati nel pettine, si sente.

Il dogma delle polpette, da me imposto, nella mia dittatura illuminata, vuole che sia vietato prepararle con un solo tipo di carne, quindi mai manzo o vitello da soli, un derivato del maiale ci deve sempre essere: è il "viagra" delle polpette, gli dà quel tocco speciale che non dimenticherete facilmente.

Il secondo dogma è che le materie prime devono essere tutte di ottima qualità, bilanciate in modo preciso e non applicando il metodo svuota frigo: la polpetta, così come voi, non deve essere la seconda scelta o il ripiego di nessuno. Tuttavia, ci sono persone che non si sono ancora arruolate nel mio esercito di incapacy e di queste dovete fortemente diffidare.

Come dite? Come fare per riconoscere l'impostore delle polpette? Vi basterà leggere le prossime due pagine, dedicate al test **Cosa vi dice la sfera di carne**. Prima di passare alla ricetta leggetelo molto attentamente, perché solo quando sarete in grado di scovare ogni impostore, e dunque di capire bene o male cosa vi potete aspettare, sarete pronti per apprendere come si fanno le polpette giuste, quelle che non rientrano in nessuno dei parametri che vi ho indicato, e per diventare voi i veri impostori. Le polpette, in buona sostanza, vi possono aiutare a portare fuori strada l'altro: non vi fate scoprire, non vi consegnate da soli alle autorità, l'altro avrà sempre un futuro terribile con voi, ma non saranno le sfere di carne a tradirvi.

Dicevo, le polpette ci insegnano l'amore e l'inclusione. Perché in una polpetta perfetta, come in una società giusta, l'inclusione razziale è una ricchezza.

Quindi lo ribadisco: vietato usare una sola razza animale, usatene almeno due, ma anche tre.

vai al test!

COSA VI DICE LA SFERA DI CARNE

POLPETTE DI SOLA CARNE

Il profilo del vostro amante risponde al noto concetto tanto caro a me, e ad altri problematici come me: ribaltare la realtà. Credete che vi abbia dato solo carne di Fassona tagliata al coltello? No, ribaltate la vostra idea di onestà, vi avrà dato lo stesso il preparato per animali, solo che vuole mostrarvi i palmi delle mani nude, come a dire: io sono questo, ho solo una cosa e te la dono, rischiando che il gusto si comprometta e vi si allappi la bocca.

Analisi chimica: all'interno delle polpette, visto che le avrà anche bruciate, troverete fibre di amianto, diossine e furani. E un solo tipo di carne.

Cosa vi dice la polpetta premonitrice: vi attende una vita avvelenata, la persona vi farà mandare giù solo bocconi amari, dandovi però l'impressione che lo faccia per amore vostro.

POLPETTE FRITTE

L'adesivo che avete sul pc con la scritta "fritto è bono tutto" è, in questo caso, un falso amico. Ricordatevi sempre che, in ogni manuale accademico di diritto penale culinario, la frittura è considerata il delitto perfetto della cucina, è il liquidatore dei thriller, quello che tutto ripulisce e tutto sistema.

Analisi chimica: in queste polpette, oltre all'acroleina (visto che chi le ha preparate avrà utilizzato un olio esausto, come me adesso), si rilevano tracce di prosciutto cotto scaduto da 28 giorni, muffa di pane raffermo, probabilmente ammollato in latte ormai diventato kefir.

Cosa vi dice la polpetta premonitrice: la persona neanche se lo ricordava che vi aveva invitato a pranzo e, invece di ammettere la défaillance, ha deciso di sottovalutarvi, perché non sa che dietro di voi ci sono io a mettervi in guardia. Quelle polpette, come si dice a Roma, mettetegliele per cappello. Lo so che volevate credere a un pranzo con polpettine fritte e a un pomeriggio d'amore, ma purtroppo la persona che avete davanti non si fa scrupoli e, certamente, vi aspetta una vita avvelenata.

POLPETTE CON RICORDO DI CARNE

Sono polpette di pane e formaggio, il che già dovrebbe essere non un semplice campanello d'allarme, ma proprio la campana funebre del romanzo *Per chi suona la campana*, questa volta per voi. Siete davanti a una persona che non sa chiamare le cose con il loro nome: già se li avesse chiamati canederli, polpette di pane o, al limite, anche polpette di chi non vi nutrirà mai il kuore, sarebbe stato meglio.

Analisi chimica: dato che gli ingredienti sono stati utilizzati nelle seguenti percentuali: 80% pane raffermo, 10% formaggio, 9% uova e meno dell'1% di carne macinata, le analisi chimiche sono scontate. Nella tabella dell'amore non ci rientrano e neanche in quelle di conformità alle direttive europee sulle polpette.

Cosa vi dice la polpetta premonitrice: la persona che avete davanti non è cattiva, semplicemente non vi vuole dare niente, o non ha proprio niente dentro di sé. Alla vostra obiezione: "non mi sento sostenut*, non mi dai più niente", vi risponderà: "ma chi ti ha mai dato niente, tu sei così indipendente e forte, io così incasinat* e dell'Acquario che non credevo avessi bisogno di me", fra il vittimistico e il colpevolizzante. Scappare, vi aspetta una vita di solitudine emotiva e di polpette oscene.

POLPETTE RAGÙ

Erano polpette vere, ci ha messo tutto all'interno, ma in percentuali sbagliate, si è dimenticat* le uova e quindi in cottura si sono completamente sfragnate, perdendo la forma sferica. NON VI FATE IMPIETOSIRE, non stiamo facendo un'operazione a cuore aperto, le polpette sono molto difficili da sbagliare, eppure il vostro flirt ci è riuscito, vi intenerisce? A me no, perché le uova in cucina hanno una funzione aggregante.

Analisi chimica: i parametri sono tutti in tabella, le materie prime non hanno tracce di batteri, funghi e muffe, il giudizio del chimico parla chiaro. Talmente chiaro che, in questo caso, non c'è nemmeno bisogno di ricorrere al chiromante lettore di polpette: uova non presenti, neanche in traccia. Ma la legge non ammette ignoranza: nello specifico, il fatto che non sapesse che nella legge delle polpette l'uovo serve a legare tutti gli ingredienti, insieme al formaggio certo, non lo discolpa. Non le ha messe, non ha nessuna intenzione di legarsi a voi e, anche se fosse una dimenticanza, non è da sottovalutare, perché come si è dimenticato delle uova, figuratevi in quanto tempo si dimentica di voi, che siete certamente più scassacavoli e complicat* delle uova.

COSA VI SERVE:

per 20 polpettine affettuose di 3-4 cm di diametro

Per il sugo:
- 4 cucchiai d'olio extravergine d'oliva
- 2 spicchi d'aglio
- 1 l di passata di pomodoro
- sale e pepe nero macinato, in quantità a vostro gusto
- 7-8 foglie di basilico
- ½ l di brodo vegetale

Per le polpette:
- 3 fette di pane raffermo (circa 120 g)
- latte, in quantità sufficiente per ammollarci il pane
- 100 g di pangrattato

- 200 g di macinato di vitello
- 180 g di macinato di maiale (o altri prodotti ottenuti dal maiale, come la mortadella frullata)
- 30 g di parmigiano
- 30 g di pecorino
- 1 uovo grande (o 1 uovo piccolo e 1 albume)
- noce moscata, in quantità a vostro gusto
- sale e pepe nero macinato, idem

- farina e olio extravergine d'oliva, per soffriggere

PROCEDIMENTO:

Prima di tutto preparate il sugo, che anche se molto semplice rimane fra gli elementi più importanti di questa ricetta. Deve essere carico, denso e profumato:

1. in un tegame fate soffriggere l'olio d'oliva con gli spicchi d'aglio;
2. quando questi saranno dorati, toglieteli gentilmente e versate la passata di pomodoro, per poi aggiungere sale, pepe e basilico;
3. fate cuocere a fuoco basso per tutto il tempo che impiegherete a preparare le polpette, anche i soliti 10 anni che ci mettete a fare le cose;
4. se il sugo si ritira troppo, aggiungeteci un po' di brodo vegetale, ovvio, col dado, ma se non vi va un po' d'acqua andrà più che bene.

A questo punto potete dedicarvi alle polpette:

1. mettete il pane ad ammollarsi nel latte, strizzatelo bene e tenete sempre a portata di mano un po' di pangrattato extra, che vi servirà nel caso in cui non abbiate strizzato abbastanza il pane;

2. in una ciotola mescolate tutti gli ingredienti per le polpette e impastate energicamente con le mani. Le mani pulite possibilmente, o anche sporche, ma ricordatevi sempre che questa azione potrebbe farvi finire direttamente nel profilo di chi prepara le polpette fritte con all'interno la sporcizia e il sudore (buon appetito!);

3. adesso preparate un bel vassoio ampio dove adagerete quelle specie di sfere deformate che vi verranno fuori;

4. formate le polpette, ricordandovi che la pigrizia vi è nemica. Lo so che non volete mettervi a fare 300 palline di 3 cm, però nella mia personale esperienza di teorica della scienza delle polpette una polpetta grande si spacca più facilmente, quindi prendetevi il tempo giusto e fate delle polpette della misura perfetta, che per me è quella della mia bocca: se una polpetta mi entra in bocca senza particolari sforzi di smascellamento, è perfetta. Comunque deve pesare circa 30-35 g;

5. una volta formate le polpette, passatele nella farina, perché, quando le soffriggerete prima di inserirle nel sugo, quest'ultima permetterà che sulle polpette si formi una crosticina e renderà più cremoso il sugo, perfetto per fare la scarpetta con il pane, che è tipo la mia idea di paradiso terreno.

Messaggio del diavolo tentatore: se volete rovinarvi la vita, in effetti potete farlo, andate al livello 3 degli incapacy dottorato, nello specifico A PAGG. 165-167 PER LA RICETTA DEL BRODO. Ma, sappiatelo, questo è solo un incoraggiamento per fallire nelle tempistiche e farvi trovare dal vostro ospite con le mani lerce di impasto delle polpette e lo sguardo vuoto. E poi, come dite? Cosa fate di contorno? Allora, perché non far diventare questo maledetto impasto delle polpette un piatto unico? Vi volete dimostrare completi, addirittura persone che mangiano le verdure. Vi dovrebbe venire in mente, di nuovo, che forse non avete tempo? Ma chi sono io per non accompagnarvi verso il tracollo, quindi ANDATE A PAG. 149 E FATE LE VERDURE RIPIENE farcendole con questo impasto preparato seguendo i punti 1 e 2. Se poi vi viene una carne lessa su verdura lessa, ricordatevi sempre: chi vi manda un bacione? Io.

Il passo del gambero: se invece volete essere prudenti, nel senso che avete paura che le polpette non mantengano la loro forma in cottura, potete farle molto piccole e nasconderle **NELLA LASAGNA DI PAG. 43.** Avete due possibilità: non usare tutto il ragù previsto nella ricetta della lasagna, conservandone 1/3 per i giorni bui, allungare quello che resta con mezzo litro di passata e buttarci dentro le polpettine, oppure utilizzare tutto il ragù e aggiungere semplicemente le micropolpette; la lasagna vi verrà molto più carica, ma non è un reato.

Ricapitolando, per cuocere le polpette procedete in questo modo:

1. in una padella sufficientemente ampia e antiaderente, altrimenti le polpette vi si attaccano e vi si sfragnano, scaldate abbondante olio d'oliva e soffriggeteci le polpette;

2. appena queste si saranno leggermente scurite, trasferitele nel tegame col sugo, coprite e fate cuocere a fuoco basso per circa 30-40 minuti. Ricordandovi sempre che avete quel famoso mezzo litro di brodo: se vi si asciuga troppo il sugo, reidratatelo.

La previsione più bella di futuro sta nell'invito a pranzo: ti va di venire a casa mia, mangiamo le polpette al sugo e facciamo l'amore? Poi, quando ci svegliamo, al resto ci si pensa.

GNOCCHI DI PATATE E BARBABIETOLA
La sicumera vi distruggerà

Non so se capite questa sensazione che ogni tanto si prova nell'arco della propria vita, quella di saper fare bene una cosa dall'inizio alla fine e di padroneggiarla perfettamente. Lo so che non capite di cosa io stia parlando, ma vi auguro un giorno di poterlo sperimentare.

Ovviamente va bene tutto, un ambito qualsiasi, anche pettinarvi i capelli sotto la doccia senza strapparne la metà; insomma, una situazione in cui dite: "questa cosa ce l'ho, è la mia". Ecco, questo è il momento in cui vi dovete fermare, ma già so che voi non lo farete, sempre pronti ad aggiungere la seguente frase: "ora quindi voglio fare una versione diversa". Senza sapere che quella versione vi seppellirà, non letteralmente, ma quasi.

Se vi ricordate qualcosa delle scuole superiori e non solo, in particolare dei pomeriggi passati a falsificare la firma dei vostri genitori (scusa, papà), vi ricorderete sicuramente de *I Malavoglia* di Giovanni Verga, opera nella quale l'autore spiega l'ideale dell'ostrica. Vi dice niente? Immagino di no, perché di certo eravate troppo concentrati a sentirvi Rosso Malpelo, eppure l'ideale dell'ostrica vi stava già spiegando qualcosa sugli gnocchi, ma non lo capivate. Comunque, secondo Verga, ma pure secondo me, banalizzando al massimo, se siete delle ostriche, statevene bellamente attaccate allo scoglio delle vostre certezze, perché, non appena vi discostate, c'è il pesce vorace che vi mangia. Non appena provate a fare "la versione più originale", il gioco cambia e spesso il trash è assicurato.

Dunque, trasponendo audacemente questo concetto nella nostra realtà, se sapete fare gli gnocchi rallegratevene, congratulatevi con voi stessi e state ferm* con quelle mani. Non cercate altro, attaccatevi come un'ostrica al vostro scoglio di capacità, che la tragedia vi attende e i vostri gnocchi non se li magnerebbe manco il pesce vorace.

Al liceo la mia professoressa di italiano mi diceva di fare amicizia con le vie di mezzo, perché a volte dare dei pareri troppo trancianti non è elegante, e che, quasi sempre, il momento in cui ci si deve pentire di quanto affermato in modo assoluto e netto arriva. E rimangiarsi le cose può costare davvero molta fatica.

Ma questo è il mio libro, vi sembra che mi interessi l'eleganza? Chi mi può minacciare di mettermi il debito in italiano? Nessuno. Quindi, non avendo ancora fatto amicizia con le vie di mezzo, voglio in questa sede sostenere che ci sono delle cose che si fanno solo in un modo:

- la crema pasticcera con l'amido e non con la farina, a meno che non dobbiate cuocerla in forno;
- chiedere scusa a qualcuno pronunciando la parola "scusa" o al limite un "mi dispiace", senza continuare con "ma, però tu, però anche tu, però". Se vi dovete scusare, non c'è avversativa utilizzabile;
- ci si sposa in bianco/avorio/cipria.

Proprio su questa mia ultima affermazione tollerante e morbida mi vorrei soffermare, perché io, se c'è una cosa che so fare dall'inizio alla fine, è esattamente quella di finire in mezzo ai guai per colpa delle mie affermazioni. Quindi, a voi sposine del futuro o del passato chiedo: il rosso al matrimonio? Perché il rosso? Perché volete essere mangiate dal pesce vorace? Lo sapete che quando vi sposate in rosso siete automaticamente Jessica in *Viaggi di nozze* di Carlo Verdone, che ringraziate "pii regali"?

Il mio ruolo, però, come quello della mia professoressa di italiano, è seguire i vostri gusti, a volte assecondarvi e guidarvi, per non farvi proprio sbranare quando vi staccate dallo scoglio sicuro.

Quindi va bene, facciamo questa maledetta versione speciale degli gnocchi di patate, perché sono fucsia, possono piacere ai vostri bambini, da qualche parte ho anche letto che potrebbero invogliarli a mangiare le verdure senza accorgersene, come se due spruzzate di barbabietola fossero la soluzione.

Ma voglio mettervi in guardia: cosa vi aspetta nel mare grande della realizzazione di questi magici gnocchi fucsia? Che se non seguite le dosi e non rimanete nella virtù che sta nel mezzo, perché voi li volete rosso fuoco, vi vengono gomme da masticare, proprio come quelle che Jessica, nel film, mangiava insieme all'insalata perché "'e so distingue". Per colorarli, infatti, dovete aggiungere succo di barbabietola, che non è altro che acqua. E cosa vuole l'acqua? La farina. E allora di cosa sapranno i vostri gnocchi? Di farina da masticare. Anche, e soprattutto, quando volete fare gli originali, l'attenzione deve essere doppia.

COSA VI SERVE:

per questo bagno di sangue assicurato, per due persone

Per gli gnocchi:

- 500 g di patate vecchie o comunque farinose
- 65 g di barbabietole sottovuoto, quelle che non vi comprate mai. In alternativa, potete usare un cucchiaio di polvere di barbabietola e passa la paura
- 170 g di farina 00
- 2 prese abbondanti di sale
- 1 uovo, anche se io l'uovo non ce lo metterò mai, perché la maestra Letizia con me ha fatto il suo dovere e, quindi, dall'unione del giallo del tuorlo con il rosso della barbabietola viene fuori l'arancione e non il fucsia. Ma se voi avete paura, procedete *not in my name*, e – per limitare i danni – metteteci solo l'albume

Per il condimento:

- una noce di burro
- 6-7 foglie di salvia
- parmigiano, in quantità a vostro gusto
- pepe nero macinato, idem

PROCEDIMENTO:

Vi assicuro che è molto semplice, tanto quanto sbagliare. Iniziate dalla **preparazione degli gnocchi**:

1. fate bollire le patate, con tutta la buccia, in acqua salata per circa 40 minuti;

2. nel frattempo, frullate bene le barbabietole: vi consiglio, essendo una piccola quantità, di usare il frullatore a immersione. Se non riuscite subito a ottenere una crema, aggiungete un po' di quell'acquetta rossa che c'è nella confezione, oppure 2 cucchiaini d'acqua;

3. quando le patate si fanno ben attraversare dai rebbi di una forchetta, non da un coltello, perché il coltello è fatto proprio per tagliare ed entra per forza, le sbucciate e le sfragnate con lo schiacciapatate, ancora calde;

4. impastatele poi con la farina, le barbabietole frullate e il sale, magari senza scottarvi eh. Impastate bene, vi sembreranno le nozze rosse de *Il trono di spade*, ma ne uscirete, con una Big Babol gigante. A malincuore, vi dico che se volete aggiungere l'uovo è questo il momento di farlo;

5. una volta pronto l'impasto, fate dei vermicelli rosa, dal diametro di circa 1 cm, e tagliate degli gnocchi lunghi circa 1,5 cm.

Arrivati a questo punto, potete passare alla cottura:

1. fate bollire abbondante acqua salata in una pentola;
2. mentre aspettate l'acqua, in una padella fate sciogliere il burro con le foglie di salvia;
3. quando l'acqua bolle, versate gli gnocchi senza schizzarvi la faccia, pochi alla volta;
4. quando affiorano, tirateli su con una schiumaiola e adagiateli direttamente nella padella con il burro fuso;
5. ripassateli in padella e, se vi sembrano troppo secchi, aggiungete mezzo mestolo di acqua di cottura;
6. spolverateli con il parmigiano e il pepe, se volete, poi serviteli.

Sono uguali a quelli di patate, ma avete sporcato di più? Avete un pacco di barbabietole sottovuoto aperto, ma non ve le volete mangiare neanche se vi pagano?

Io vi avevo avvertiti: sono belli, ma alla fine il sapore della barbabietola non è determinante. Allora lo so che proverete a farli al sugo o al pesto, per poi convincervi ancora di più che questo sforzo sia stato inutile, perché alla fine diventeranno rossi come il sugo o verdi come il pesto.

Per quanto riguarda le spose, se vi siete offese vi chiedo scusa. Ma scherzo ragazze, sposatevi come vi pare. Io sogno di andare all'altare mangiando un bouquet fatto di torta alle rose, figuratevi se mi scandalizzo per le vostre scelte. E poi non sono nemmeno sicura di presentarmi il giorno del matrimonio, posso solo ammirare chi decide con coscienza di sposarsi in rosso. No, non è vero.

IL FRIGORIFERO HA UN SENSO, AL CONTRARIO VOSTRO

Non bisogna essere dei geni in fisica per scoprire che l'aria calda va verso l'alto e l'aria fredda verso il basso. Così come non bisogna essere dei geni dell'organizzazione per capire che il frigorifero va riempito con un criterio. Lo so che voi ancora scrivete sul diario la A di anarchia, ma se non volete morire per qualche contaminazione, applicatela a tutti gli ambiti tranne che al frigorifero.

Gli alimenti li dovete chiudere in contenitori ermetici o avvolgerli bene nella pellicola:

- latticini, formaggi e burro: avete mai mangiato una frolla alla cipolla? Io sì, è venuta così quando ho lasciato una cipolla libera nel frigo per due settimane e avevo il burro non chiuso perfettamente. Gli alimenti, specialmente i latticini, i formaggi e il burro, assorbono gli odori, che è lo stesso motivo per cui, quando fate la frolla, gli aromi vanno messi subito a contatto con il burro;

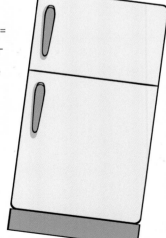

- il pesce e la carne crudi: cibo crudo = batteri, batteri = contaminazione di altri cibi, quindi lasciateli nelle vaschette in cui li comprate o chiudeteli perfettamente, per evitare che questi sgocciolino, andando a contaminare altri cibi;
- la verdura: quella che riponete nel cassetto in basso non la dovete chiudere, si conserva meglio se prende un po' d'aria, che non je fa bene solo a lei, ma pure a noi. A proteggerla dalla contaminazione ci pensa il cassettone stesso.

Le temperature dei vari scompartimenti sono diverse, ma se rimanete imbambolati in mutande davanti al frigo a dire "che me magno, oddio che me magno, non c'ho niente" saranno ancora più diverse.

L'aria calda, dicevamo, va verso l'alto, l'aria fredda verso il basso: per voi questo avrà un senso? Sono sicura di no.

Il frigorifero va impostato a una temperatura ottimale di 4 °C, ma questa rappresenta la temperatura media del frigorifero, non quella effettiva dei singoli ripiani. In base a questo ragionamento, gli alimenti vanno riposti sugli scaffali interni del frigo a seconda delle loro esigenze di conservazione.

Ripiani:

- **alto**: cibi cotti e avanzi che ci salvano sempre la vita, pomodori che con le temperature basse si anneriscono e agrumi che diventano amari, più della nostra stessa esistenza;
- **medio**: uova, latticini e dolci che contengono panna o crema, affettati;
- **basso**: pesce e carne, perché con le temperature alte si deteriorano prima e, in tal caso, la scadenza riportata in etichetta non sarebbe più così tanto valida. E poi, se dovessero sgocciolare, il liquido non andrebbe da nessuna parte e non contaminerebbe nessun alimento;
- **sportello**: bevande, burro, il magico dado, tutti elementi che non necessitano di temperature basse, quelle che comunque il vostro povero frigorifero, aperto e chiuso in continuazione, difficilmente manterrà;
- **cassetti**: frutta e verdura, tolti dai sacchetti in cui li comprate, come vi ho già spiegato.

Il frigorifero non è un magazzino.

La Terza guerra mondiale non è vicina, non ingolfatelo di roba, i supermercati esistono e fanno orari abbastanza accessibili. Così l'aria fredda avrà modo di circolare e di passare intorno ai cibi, mantenendo la loro temperatura di conservazione ideale.

Se fosse stato un abbattitore si sarebbe chiamato abbattitore, ma non a caso si chiama frigorifero.

Per carità, non ci mettete cibi caldi o bollenti:

- abbassereste repentinamente la temperatura di tutto il frigorifero, rischiando di interrompere la catena del freddo degli altri alimenti, che si deteriorerebbero più velocemente. Uno su tutti le uova, che non aspettano altro che far proliferare i batteri e no, non mettetele nell'apposito scompartimento tanto carino dello sportello, perché – come vi ho già detto – lì il frigorifero non raggiunge mai temperature troppo basse, quelle che invece vi servono per conservare correttamente le uova;

- vi si romperebbe la resistenza, un magico meccanismo presente nel frigorifero, perché quest'ultimo, al contrario vostro, vuole solo il bene degli altri. Allora si sforzerebbe disumanamente per tornare in breve tempo alla sua temperatura, sovraccaricando tutti i meccanismi al suo interno;

- se volete raffreddare velocemente i cibi caldi, cambiategli contenitore e non lasciateli dove li avete appena cotti: ad esempio, potete metterli in una ciotola a sua volta immersa in un'altra più grande piena di ghiaccio. In ogni caso, trasferite le pietanze in frigorifero solo quando sono a temperatura ambiente.

GYOZA

Una ricetta per imparare l'arte della pazienza,
quella che poi dovrete insegnare a me

Avete presente quando uscite con qualcuno e in ogni momento vi chiedete: "che cosa cavolo sto facendo? Perché ho abbracciato questa croce?", ma soprattutto vi domandate: "come ne esco salvando la mia reputazione, che è l'unica cosa al mondo che mi interessa?"

Se non ve lo siete mai chiesti voi in prima persona, sicuramente chi vi frequenta se lo chiederà, almeno sette volte al giorno.

Ecco, questa è la stessa identica sensazione che proverete quando deciderete di preparare i gyoza: eravate pieni di entusiasmo in partenza e invece, una volta realizzato il ripieno e stesa la pasta, vi sentirete più o meno così, completamente desolati quando dovrete chiudere questi ravioli, o definire la vostra relazione. E maledirete il momento in cui avete pensato che mangiarli nel vostro ristorante giapponese preferito non bastava più, perché dovevate farli anche voi, dato che – ricordiamolo – siete degli incapacy cocoriti junior.

Ma vi dovete tranquillizzare: io qui vi insegnerò i gyoza, che a loro volta, attraverso il loro buon esempio, ci insegnano a non far scappare le persone dalla nostra vita solo perché sembrano troppo complicate e impossibili, come voi imparerete a non scappare da questi maledetti ravioli.

I gyoza hanno capito come tenervi ben stretti a loro, vi fanno sentire liberi di mollarli quando volete, senza pensare di aver buttato il vostro tempo, non hanno requisiti di velocità nell'esecuzione, ci potete mettere anche 93 ore no-stop, ma soprattutto i due componenti di base, se vi stancate, possono diventare quello che volete e nessun gyoza vi dirà: "e allora abbiamo solo sprecato il nostro tempo?" oppure "ma che hai comprato a fare tutte queste cose? Mi hai solo illuso". **No, i gyoza vi lasciano andare, certi che di tutta questa libertà, come sempre, non saprete cosa farvene: allora vi incaponirete su di loro e alla fine vivrete felici e contenti per tutta la vita.** Il parallelismo ve lo devo spiegare? Ok, è qualcosa di simile a quella frase che scrivevate sul diario delle medie a proposito della sabbia, che per tenerla non la dovete stringere nei pugni, ma prenderla con leggerezza. Più di così non posso fare, è un libro di cucina, usate la logica.

COSA VI SERVE:

per questa finta aria rilassata, per circa 18 gyoza

Per l'impasto:
- 150 g di farina 00
- 50 g di fecola di patate
- 75-100 ml di acqua bollente, diciamo molto molto calda, non voglio una denuncia per istigazione all'ustione

Per il ripieno:
- 80 g di cavolo cappuccio o verza
- 1 cipollotto fresco
- ½ spicchio d'aglio

- zenzero fresco (da grattugiare) o in polvere, in quantità a vostro gusto, se lo aveste sarebbe bello
- 300 g di macinato di maiale
- 1 cucchiaio (+ 4 per la cottura) di olio di semi di sesamo: che mi colga un fulmine, se è l'unica cosa che vi manca usate quello d'oliva o di arachidi e non vi bloccate per le inezie
- 2-3 cucchiai (+ 4 per la cottura) di salsa di soia
- pepe nero macinato, quanto vi pare

PROCEDIMENTO:

Partite dall'**impasto**. Se siete alle prime armi, vi consiglio di usare una ciotola, uno spazio definito che contenga la vostra incapacity e soprattutto l'acqua. Perché, se la lasci libera, lei non torna da te o ti rimane attaccata. No, l'acqua vuole solo finire per terra, poi vietato mandare messaggi tipo: "mi ricalcoli la ricetta dell'impasto a partire dall'acqua di questa pozzanghera in cucina? Secondo te quant'è? A occhio dico, grazie se mi risponderai". Di niente, non vi risponderò:

1. versate, dunque, la farina e la fecola in una ciotola per poi inserire l'acqua gradualmente, senza scottarvi. Nel frattempo impastate con una mano, o con due se avete tre mani;

2. quando l'impasto avrà preso consistenza, passate sul piano di lavoro. Gentilmente, se nelle dosi ho indicato 150 g di farina e 50 di fecola, non lasciate 70 g di farina dentro la ciotola: servono tutti, altrimenti il libro lo scrivevate voi e io in questa domenica piovosa dormivo 13 ore di seguito;

3. impastate per circa 10 minuti: vedrete che l'impasto si forma molto velocemente e senza particolari sbattimenti, non c'è bisogno che vi impegniate troppo, appena appare liscio fermatevi;

4. anche per lui il riposino è fondamentale, riposa quei 15 minuti in cui vi dite:

"chiudo un secondo gli occhi", che poi diventano 3 ore e 40 e vi svegliate con un mal di testa allucinante. Ovviamente coperto dalla pellicola, lui. Voi no, non siete Laura Palmer, la protagonista defunta di *Twin Peaks* che viene appunto ritrovata avvolta in un'enorme busta di plastica trasparente.

Mentre lui riposa e voi no, procedete con il **ripieno**:

1. iniziate a sminuzzare il cavolo, il cipollotto e, se ve ce piace, l'aglio. Grattugiate lo zenzero;

2. mettete in una ciotola il macinato di maiale e unitevi cipollotto, cavolo, aglio, zenzero, olio di semi di sesamo, salsa di soia, pepe e, se lo ritenete opportuno, anche il sale (io vi avverto: fate attenzione, se state usando la salsa di soia salata ve lo dice la parola stessa che potrebbe essere sufficiente a dare sapidità alla carne; se state usando quella dolce regolatevi voi, non vi sto dicendo di assaggiare la carne cruda, perché la tenia è molto brutta);

3. mescolate tutto bene aiutandovi con ciò che avete alla fine delle braccia, le mani, non fate gli schizzinosi.

Passati i 15 minuti del riposino, potete stendere e tagliare l'impasto:

1. riprendete la pasta e lavoratela velocemente sul piano di lavoro. Se al posto della farina riusciste a usare la fecola di patate per spolverizzarlo sarebbe meglio, ma sentitevi liberi di agire secondo le vostre possibilità di incapacity;

2. con il matterello tirate la pasta a circa 1 mm: sentirete che opporrà un po' di resistenza, metteteci quella forza che non sapevate di avere e stendetela dal centro verso l'esterno, sincerandovi di non aver creato dislivelli;

3. una volta stesa la pasta, ricavate il maggior numero di cerchietti con un coppapasta di circa 6-7 cm. La pasta avanzata riassemblatela velocemente e avvolgetela bene nella pellicola, altrimenti diventa una pietra e non la stenderete mai più.

Incapacy miei senza speranze, quel momento è arrivato. Volete cambiare ricetta? Adesso o mai più.
I punti a favore del portarla a termine sono i seguenti:

- se state cucinando per un appuntamento misterioso e galante, il vostro sforzo di chiudere ogni singolo raviolo vi permetterà di sembrare persone che si dedicano davvero a ciò che fanno, in ogni ambito;
- se invece state a pezzi e avete dei ricorrenti pensieri negativi, un lavoro ripetitivo e manuale vi aiuterà certamente a distrarvi.

L'unico contro, invece, è questo:

- se dovete dimostrare qualcosa a voi stessi, approcciando quindi la ricetta con nervosismo e massime aspettative, lasciate stare: è una preparazione che necessita di pazienza, quella che io ho già perso.

 Il passo del gambero: se non ve la sentite di chiudere i gyoza — e in parte vi capisco — potete riciclare l'impasto tornando al livello 1 e usandolo per realizzare I MALTAGLIATI DI PAG. 61, da condire come vi pare. E se avete già fatto anche il ripieno, ma siete troppo scossi dopo aver provato a chiudere un raviolo, potete ripiegare SULLE POLPETTE DI PAG. 86: aggiungeteci un uovo e 4-5 cucchiai di parmigiano. In questo caso, però, eviterei di farle al sugo, altrimenti la salsa di soia e lo zenzero perderebbero di senso: quindi passate le polpette nella farina, soffriggetele in un po' di olio e sfumatele con un bicchiere di vino bianco. Fatele cuocere a fuoco basso per circa 20 minuti, sono buone, sanno di sconfitta, ma non di disfatta: dai incapacy, stop lacrime.

 Messaggio del diavolo tentatore: per riciclare invece il ripieno complicandosi la vita, potete utilizzarlo per le VERDURE RIPIENE DI PAG. 149, passando dunque al livello 3. Ma, vi avviso, non è affatto semplice ottenere delle verdure al forno che non siano lesse.

Se, invece, avete scelto di andare avanti, ora proprio non c'è scampo: dovete dedicarvi alla **formatura dei gyoza**:

1. prendete in mano un cerchietto di impasto e versateci al centro un cucchiaio del ripieno. Fin qui, tutto bene, almeno mi auguro;

2. ora piegatelo a mezzaluna, ma senza unire i due lembi di impasto: date solo un pizzico centrale, in modo che i due lati siano congiunti esclusivamente in quel punto e voi possiate lavorare più agilmente;

3. per chiudere il gyoza, ponetelo parallelo a voi e procedete da una delle due estremità, pizzicando la pasta in modo che un lato resti liscio e l'altro, quello più vicino a voi, abbia delle pieghe di impasto sporgenti;

4. ripetete l'operazione con gli altri ravioli.

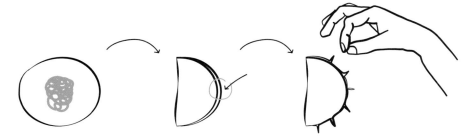

C'è da dire che i gyoza, a differenza vostra, sono molto romantici e non conoscono un solo modo di essere amati. Al contrario, vi danno la possibilità ulteriore di discostarvi dal tipo di amore a cui sono abituati: di solito vogliono essere chiusi con le pieghette, come da tradizione, ma se voi non state al loro passo, se per voi non è il momento, non si impuntano miseramente: li potete chiudere a mezzaluna, aiutandovi con i rebbi di una forchetta. Saranno contenti lo stesso e vi restituiranno comunque sensazioni positive, mai quel senso di inadeguatezza a cui siete abituati.

Una volta chiusi tutti i gyoza secondo la strategia scelta, potete passare alla **cottura**:

1. prendete una padella antiaderente, perché la disfatta, anche se siete arrivati fin qui in vita, è sempre in agguato;

2. scaldate 4 cucchiai di olio di sesamo e mettete una parte dei gyoza in padella; una volta formata la crosticina, annacquateli con salsa di soia e un bicchiere d'acqua e copriteli con il coperchio;

3. girateli di tanto in tanto e aspettate che si cuociano, perché vi ricordo che la carne dentro è cruda, ci vorranno circa 3-4 minuti.

Serviteli caldi, magari fate un contorno perché sembrano tanti, ma non sono mai abbastanza.

Se invece avete deciso di ripiegare, specialmente con le verdure ripiene, ricordatevi sempre la regola generale degli scacchi: cambiando troppe volte la strategia di gioco si perde sempre.

Quando pensate di trovare mille escamotage per non fare uno sforzo, probabilmente sarete costretti a farne uno cento volte superiore o a fallire miseramente.

STATICO O VENTILATO?
NON È IL CLIMA
(E NEMMENO UNA MESSA IN PIEGA),
È IL FORNO

Non solo un pensile in più per riporre le teglie e le padelle o per uccidere le streghe che vi imprigionano in casa loro. Incredibile, il forno si può anche usare per cuocere. E non basta sapere che i dolci si cuociono a 180 °C e che il grill serve per formare la crosticina sui cibi.

IL FORNO È COMPOSTO DA CIELO E PLATEA, che sono gli unici stati d'animo che conosco durante le mie giornate in cui sono vietate le vie di mezzo:

- il **cielo** è la parte superiore;
- la **ventola** tendenzialmente sta sul fondo, incastonata dietro a una griglia;
- la **platea** è la parte inferiore;
- sono presenti due **resistenze**, una in alto e una in basso, e a seconda di quello che avete intenzione di sbagliare nell'arco della giornata potete decidere se cuocere solo dall'alto o solo dal basso;
- c'è anche la **valvola**, ma ora non ne parliamo altrimenti vi confondo ancora di più. Ci arriviamo tra poco, incapacy, tranquilli.

Modalità di utilizzo. Sì, qualcosa cambia, sicuramente la vostra incapacity:
- statico: cuoce per irraggiamento, il calore proviene dalle resistenze presenti su cielo e/o platea, non si muove un filo d'aria, il che può essere un bene e può essere un male;

- ventilato: non vi immaginate un phon acceso, ha sempre le stesse due resistenze in funzione, ma in più si attiva la ventola – ora non iniziate a scrivere su Google: "Google la ventola non c'è" – che, grazie al suo movimento, permette la formazione di una corrente d'aria bollente.

Come, quando e cosa cuocere in un forno statico?

Come: non cuocete più teglie insieme, perché non essendoci corrente d'aria il calore si propaga dal basso e dall'alto, quindi la presenza di più teglie costituirebbe una barriera alla propagazione omogenea del calore. In sostanza, 'na cosa ve viene cotta sotto e cruda sopra e un'altra cotta sopra e cruda sotto: voi ci siete abituati, ma io no, quindi cercate di svegliarvi e di capire che la fretta vi è nemica, cuocete una teglia alla volta e basta.

Quando: avete bisogno di una cottura lenta e omogenea sia all'interno sia all'esterno del prodotto. Sì, ok, lo so che non siete esattamente allenati a capire di cosa avete bisogno, vivendo la vita a caso. Vi capisco, ve li dico io i vostri bisogni in cucina, rilassatevi.

Cosa: pasta sfoglia, dolci lievitati, pizza, focaccia, pan di Spagna e meringhe. Queste sono tutte preparazioni che, come non intuirete, in forno devono lievitare, ma almeno sapete leggere, quindi lo capirete dalle mie parole. Come ogni cosa che deve crescere, tanto quanto la vostra capacità di stare in cucina senza fare male a voi stessi e agli altri, hanno bisogno di una cottura lenta e del giusto tempo, senza correnti d'aria che seccherebbero la superficie troppo presto, creando dunque una barriera che impedirebbe all'interno di svilupparsi del tutto, lasciandolo crudo. Provateci voi a crescere con un peso in testa che vi blocca, ah ci siamo riusciti tutti? Lo so, incapacy.

Come, quando e cosa cuocere in un forno ventilato?

Come: posso cuocere più teglie insieme, perché il calore si propaga attraverso la corrente d'aria in ogni angolo del forno, cuoce molto più velocemente e, proprio perché potete inserire più teglie contemporaneamente, vi aiuta a risparmiare tempo e denaro.

Ve lo devo specificare che, comunque, i cibi che mettete insieme nel forno devono avere tutti la stessa temperatura di cottura e più o meno gli stessi tempi? Non è che cuocete un arrosto intero insieme a due biscotti di frolla.

Quando: avete bisogno di una cottura più rapida, che consenta all'esterno della pietanza di rimanere più croccante e all'interno più umido. Quindi, come dicevo poco fa, sono da escludere i lievitati, che incastonati da subito in una crosta dura non si svilupperebbero completamente. Questo, tra l'altro, è anche il motivo per cui la torta vi si ammoscia in forno: il problema non è quel secondo in cui aprite il forno, ma la modalità di cottura troppo aggressiva, che tende a far spaccare la sua superficie e a far fuoriuscire prematuramente il vapore dalla torta, che invece cresce proprio grazie a lui.

Cosa: biscotti, crostate e pasta frolla in generale, verdure, arrosti e pesce.

Valvola aperta o valvola chiusa?

Se potessi averla io una valvola in mezzo al petto, da aprire quando proprio mi rode, sto per scoppiare e devo decomprimere, la mia vita cambierebbe radicalmente.

I forni professionali, o i forni casalinghi semiprofessionali, presenti in quelle case abitate da persone alle quali tutto è andato per il verso giusto nella vita, non io sicuramente, hanno la cosiddetta valvola di scarico dei vapori.

E il vapore quanto è importante per assicurare la riuscita o il fallimento di una ricetta? In molti casi è fondamentale.

A cosa serve la valvola:

- se **aperta**, consente la fuoriuscita dell'umidità, ossia la percentuale d'acqua presente nell'aria, altresì detta vapore;
- se **chiusa**, al contrario, consente di tenere all'interno della camera di cottura l'umidità e di mantenere una temperatura sempre costante.

Lo so che vi state chiedendo: "sì, ok, ma a cosa serve il vapore? E come mi ha rovinato la vita?".

Il vapore, quindi l'umidità, è un fenomeno fondamentale e va controllato bene durante la cottura: è quello che vi fa crescere i bignè, ma allo stesso tempo è quello che ve li fa accartocciare su loro stessi, se non lo fate uscire al momento giusto.

È quello che vi fa venire i biscotti mosci come quella manina senza forze che date alle persone quando vi presentate.

Momento logica:

- se il prodotto contiene lievito oppure è uno di quelli in cui avviene la lievitazione fisica,* come il pan di Spagna, i bignè o la pasta sfoglia, in forno dovrà crescere: affinché questo accada la valvola deve essere chiusa, almeno nella prima fase della cottura, per poi essere aperta nella seconda fase, che è quella della stabilizzazione;
- se il prodotto si deve seccare, come la frolla e la pasta brisée, allora il vapore è solo un impedimento, la valvola deve essere aperta da subito.

*Si tratta di un tipo di lievitazione che avviene senza l'utilizzo di nessun tipo di lievito, sfruttando quella proprietà fisica per cui l'aria o l'acqua, a contatto con il calore del forno, si dilatano o cambiano di stato, facendo crescere la massa.

Sì, ma io uso il dolceforno, non ho la valvola, cosa faccio?

Intanto, fate molta attenzione, perché lo sportello non lo potete aprire a sentimento, soprattutto se, come temo, sottovalutate l'importanza di preriscaldare il forno, che quando arrivano le brutte è l'unica cosa che vi salverà. Un forno riscaldato bene, in tutte le sue parti, ossia circa 30 minuti prima di infornare, non permette infatti sbalzi termici. Quindi, anche se per un momento aprite lo sportello, perché con quel vetro lercio non vedete neanche l'ombra di ciò che c'è in forno e la vostra mania di controllo è troppa (giustamente) per fidarvi ciecamente di quello che succede lontano dalla vostra vista, non si verificherà nessun dramma.

E poi, necessità fa virtù: se avete capito il concetto, saprete incastrare al momento giusto, fra lo sportello chiuso del forno e il forno stesso, quella pallina d'alluminio che vi piace tanto utilizzare senza criterio. In realtà un criterio c'è, è sempre la fuoriuscita dell'umidità.

TORTA RUSTICA CON RADICCHIO E GORGONZOLA

La disfatta di Pasquetta

Lo sapete cosa vuole dirvi la faccia dei vostri amici quando arrivate a Pasquetta con 13 ore di ritardo e con la teglia di alluminio in mano, avvolta in altri 35 strati di alluminio perché non sia mai vi si rompe l'antico vaso che pensate di custodire all'interno?

Vuole dire: "oddio è arrivat* co' n'altra torta rustica cruda, che se sentimo male fino al 25 aprile pure quest'anno, ma perché ancora l* invitiamo?".

Allora, lo sapete, io sono ipercritica nei vostri confronti, ma per mia estrazione sociale sto sempre dalla parte di chi perde e dei più deboli, quindi di base sempre dalla vostra, in ambito culinario chiaramente, perché al di fuori non vi voglio conoscere. Perciò non mi piace immaginarvi felici con quelle cose crude che portate in dono, bianche cadaveriche, molli, ripiene di quella specie di frittata di spinaci che fate, e che qualcuno vi parli dietro.

Lo so che volevate usare la pasta sfoglia per la vostra torta rustica, ma che allo stesso tempo avete paura di farla. E fate bene, perché ancora non siete pronti. Adesso io cercherò di essere la vostra madre coraggio, le multinazionali mi verranno a cercare, ma non ho paura: meglio una pasta brisée ben fatta di una sfoglia comprata, a meno che non la compriate cruda in pasticceria, ma sfido qualsiasi attività che si fa un mazzo così a dare la sfoglia a voi.

Agire secondo le proprie possibilità, infatti, è un concetto a me molto caro: non vogliamo essere tutti degli chef, è importante ribadirlo, chi come voi vuole solo andare a Pasquetta con una pietanza decente, senza farsi ricamare le bandierine delle nazioni sul colletto, senza aver vinto nessuna competizione internazionale di pasticceria, può semplicemente preparare una brisée che, se ben riuscita, batte il tentativo di realizzare una sfoglia fatta in casa con mani incandescenti 10 a 0. Magari ci potrete provare più avanti, ricordandovi che, come si dice a Roma: "mejo il primo in provincia che il secondo a Roma", con la R di Roma sbiascicata, ovviamente. Tenetevi sempre caro il concetto che provare subito il crossfit, senza aver mai camminato nemmeno intorno al palazzo, non vi farà alzare dal letto per 2 giorni, ma questo non significa che non arriverete mai al crossfit. Significa, invece, che prima dovete comprarvi le scarpe da ginnastica, vestirvi e fare una passeggiata, e che rimanere delusi della mancata riuscita del primo allenamento di crossfit è un po' stupido, perché bisogna imparare a capire anche ciò per cui vale la pena stare male. In buona sostanza, la strada giusta è darsi obiettivi intermedi: raggiungerli vi può aiutare ad affrontare quelli più complicati, ma anche a stare calm* e a fermarvi alla casella in cui siete, dove si sta benissimo.

Per fare le cose bene, è necessario sapere che le ricette sono come i pranzi di Pasquetta, i pranzi in generale e le *love stories*: quello che ci mettete, ci trovate. Quindi, anche qui, dobbiamo fare un esercizio di logica: nel caso della pasta brisée, in cui gli unici ingredienti sono farina, burro, acqua e sale, la qualità di quale materia prima vi svolterà il sapore della ricetta?
Lo so che volete dire il sale, ma no, è il burro, perché questa è una massa a base di burro, quindi se ne usate uno di serie B in cosa vi aspettate che si trasformi? Se il burro non è buono, le intenzioni non sono buone, vietato sperare nei miracoli.

COSA VI SERVE:

per questa opera di grande consapevolezza dei propri limiti, per una torta rustica da 24-26 cm di diametro

Per la pasta brisée:[1]
- 100 g di burro freddo[2]
- 5 g di sale
- 200 g di farina 00
- 50 ml di acqua freddissima[2]

Per il ripieno:
- 1 kg di radicchio
- ½ scalogno
- 3 cucchiai di olio extravergine d'oliva
- sale, in quantità a vostro gusto
- 200 g di gorgonzola tagliato a cubetti

---

1   Questo impasto è falso e versatile come le vostre idee, si presta sia a preparazioni salate sia dolci, quindi potete anche farcirlo con crema pasticciera, marmellata, crema diplomatica, e poi basta che cercate su Google.
2   Se vi dico che deve essere tutto gelido, il vostro cuore *in primis*, dovete ascoltarmi e basta, perché usando il burro a temperatura ambiente e l'acqua tiepida nella migliore delle ipotesi vi verrà fuori una cosa dura e immangiabile, ammesso che riusciate a lavorarla. E lavorandola troppo ne comprometterreste friabilità e croccantezza, quindi la sderenereste. Se ci volete aggiungere un uovo non mi scrivete, fate la frolla salata e basta.

PROCEDIMENTO:

Il consiglio che preliminarmente sento di dovervi dare è di abbattere quella morale secondo cui, per raggiungere tutti gli obiettivi, ci vogliono tempo, impegno, dedizione e sudore, sostituendola dentro di voi con un altro tipo di morale: non è sempre così, ci sono delle cose che vengono bene solo se non ci pensate, se vi sbrigate e se non ci mettete alcuna passione. Una su tutte, seconda solo alla frolla, è la pasta brisée.

Quindi, come va maneggiata?

Come il povero cuore di quei disgraziati che fanno l'errore di imbattersi in voi, in modo sbrigativo, gelido, arrogante e bugiardo. Dovete sospendere ogni sentimentalismo, soprattutto in cucina, e concentrarvi su una cosa sola: fred-dez-za.

Iniziamo, allora, proprio dalla **preparazione della pasta brisée**. Ma prima prendete due bei biscottini alla camomilla, come quelli di pag. 27, da mangiare contemporaneamente, buttati giù con due sorsi di camomilla:

1. tagliate il burro freddo a cubetti, approssimativi, perché nel vostro caso la precisione è nemica della velocità, e aggiungete il sale;

2. a questo punto unite la farina: se lavorate a mano, dovete pensare di dare dei pizzichi veloci all'impasto, azione tra l'altro molto terapeutica, specialmente per le persone come me, a cui rode un minuto sì e l'altro di più. Se usate la planetaria, lavorate invece a media velocità con la foglia inserita;

3. una volta che avrete ottenuto la solita sabbia di mare a base di burro e farina,[3] aggiungete l'acqua e impastate velocemente (se usate la planetaria, idem). Il pensiero che dovete avere in testa è quel messaggio sbrigativo che avete scritto in risposta alle 134 righe con cui il vostro *affaire* si dichiarava: "aspe' sto in riunione, ti rispondo bene dopo". Ma non avete mai risposto, perché stavate a letto e guai a chi si mette fra voi e il vostro riposino;

4. a proposito, lasciate riposare la pasta avvolta nella pellicola, in frigo, per 30 minuti.

---

3   Qui vi sblocco un ricordo: questa è sempre la sabbiatura, la stessa che avete fatto per i biscotti alla camomilla e che ho anche spiegato, povera me, a pag. 37 nella DaD sulla frolla.

Messaggio del diavolo tentatore: se la semplicità di questo impasto vi ha offesi, è per colpa mia, quindi se ve la sentite calla e volete comunque provare a fare la versione di questa torta con LA PASTA SFOGLIA, ANDATE A PAG. 185 e tentate di cimentarvi. Vi attendo passare seduta sulla riva del fiume.

Mentre l'impasto riposa, dedicatevi al **radicchio**:

1. ricordandovi sempre di guardare la lama e di non posizionare le vostre dita sotto al coltello, tagliate il radicchio anche in modo un po' grossolano;

2. sempre seguendo gli stessi consigli di cui sopra, tritate finemente lo scalogno;

3. in una padella antiaderente scaldate l'olio, fate appassire lo scalogno, aggiungete il radicchio e salate;

4. portate a cottura il radicchio, è una cosa breve, ci vorranno circa 5 minuti, anche meno;

5. una volta cotto, lo so che vi sembra assurdo, mettetelo a raffreddare dentro uno scolapasta, altrimenti vi sognate che la torta rustica si cuocia decentemente.

Nel frattempo, se siete d'accordo, preriscaldate il forno ventilato[4] a 190° C.
Adesso potete riprendere la vostra fatica odierna dal frigo e **montare la torta rustica** che tutti temono:

1. stendete l'impasto su un piano leggermente infarinato, a un'altezza di circa 2 mm. Quando dico stendere, ribadisco non solo che non dovete stendervi sopra l'impasto, usando invece le braccia per modulare la forza e applicarla allo stesso modo col matterello su tutto l'impasto, ma anche di non metterci

---

4 Ve l'ho spiegato qualche pagina fa nella DaD sul forno, abbiate pietà, incapacy.

100 anni, perché la pasta si scalda con niente, soprattutto se la smanacciate per minuti e minuti;

2. prendete una teglia dai bordi abbastanza alti (più di quella in cui cuocereste una crostata, per capirci) e senza imburrarla – di burro ne abbiamo a sufficienza e trasuderà dall'impasto in cottura – adagiate la brisée al suo interno delicatamente. Bucatela con i rebbi di una forchetta, se possibile senza fare dei crateri, altrimenti in cottura fuoriesce troppo condimento e, considerando anche che non avete usato la carta forno, col cavolo che poi la sformate dalla teglia una volta raffreddata. Rifilate i bordi senza rifilarvi le dita.

Per la cottura, potete scegliere una di queste due strade:

- fare una cottura in bianco della pasta stesa nella teglia, in forno ventilato a 190 °C per circa 10 minuti, unire il radicchio e poi portare avanti la cottura per altri 15 minuti circa. Trascorso il quarto d'ora, dovreste tirarla fuori dal forno per distribuire sul radicchio i tocchetti di gorgonzola e, infine, rimetterla in forno per circa 1 minuto, giusto il tempo che il formaggio si sciolga. Questa è la strada che vi sconsiglio, perché ho paura che vi facciate male e sono sicura che, con quelle mani goffe che avete, riscaldereste troppo la pasta e di conseguenza i bordi in cottura cederebbero verso l'interno. Ma è altrettanto vero che così potrete essere sicuri di aver cotto bene la pasta;
- versare il radicchio cotto e scolato sulla pasta cruda in teglia e cuocere per circa 25-30 minuti nel forno a 190 °C, sempre ventilato. Una volta cotta la torta, bisogna procedere come vi ho indicato al punto precedente per l'inserimento del gorgonzola. Io prenderei questa via, perché anche se non riuscite bene a gestire la cottura sarà sempre meglio di quella che fino a oggi avete presentato ai pranzi di Pasquetta. Se poi portate anche una tovaglia a quadretti bianca e rossa, sfido chiunque sia in una situazione affettivamente precaria a non cadere fra le vostre braccia.

 Practice makes you perfect, non vi deve venire perfect qualsiasi cosa che fate per la prima volta.

MARITOZZI CON LA PANNA
Roma, where the magic happens

Noi romani abbiamo un grande limite: viviamo in una città che non ci permette di provare stupore nei confronti delle altre città, di qualsiasi tipo di viaggio e di monumento. Sia chiaro, siamo felici e apprezziamo la bellezza di tutte le città, ma siamo sempre portati a pensare che sicuramente è tutto stupendo, "eppure Roma nostra...".

Il lato negativo di vivere a Roma, però, oltre all'avere una grande preoccupazione per tutte quelle persone che non vivono a Roma e che non ci capacitiamo di come non cerchino di spostare la loro residenza, la loro famiglia e la loro vita lavorativa nella nostra città, è che non ci prepara davvero al resto del mondo, perché il mondo non ha tutto quello che abbiamo noi. E lo scopriamo troppo tardi, sia in positivo sia in negativo, ovviamente.

Quando mi sono trasferita in Brianza, io, piccola coatta di Roma Sud, mi avviavo a cambiare città, a vivere una nuova vita, inconsapevole del trauma forte che stavo per subire. Nessuno mi aveva avvertito del fatto che certe cose esistono solo a Roma, quindi io ricercavo i miei riferimenti culinari e il nostro vento a fari spenti nella nebbia:

- la pizza bianca, ma c'era la focaccia: non sono la stessa cosa;
- la pizza rossa, quella bassa, croccante e piena d'olio, non trovavo nemmeno quella;
- i supplì: è vero, c'erano le arancine e qualcos'altro che ci andava davvero molto vicino, ma che comunque non era paragonabile;
- il Colosseo, che nessuno si era immaginato di riprodurre, non capisco perché
- il ponentino, il vento di Roma, che ha fatto nascere tutte le storie d'amore che si sono svolte all'aria aperta;
- i maritozzi con la panna.

Ecco, i maritozzi con la panna in Brianza erano una specie di chimera. Quando provavo a spiegarli, a descriverli, nessuno ne capiva l'utilizzo e tutti mi chiedevano: "ma è una colazione o una merenda?". La risposta è nella domanda, o meglio la risposta è la domanda stessa, che in realtà a Roma non ci poniamo proprio. Il bello di questa città è che non c'è bisogno di incanalare niente, tutto è vero e tutto è falso nello stesso momento, a nessuno interessa se alle 13 stai camminando per il Pigneto[5] con un maritozzo gigante in bocca completamente sporc* di panna o se quando torni da una serata ti fermi prima in pasticceria, per andare a dormire leggero.

Roma ti insegna a stare nella situazione in cui sei e a tollerarla, nel traffico dite? Anche, ma poi ti insegna la pazienza, l'attesa, la rassegnazione, la certezza che ne varrà sempre la pena, considerato tutto quello che ti dà in cambio.

Infatti, è proprio la rassegnazione a mancarvi, incapacy miei. Lo so già che a Natale vorrete a tutti i costi un tutorial sul panettone perfetto, ma la parola "perfetto" e la parola "incapacy", nella stessa frase, fanno ridere. **Se volete fare qualcosa di perfetto, dovete iniziare da ricette semplici e alla vostra portata, che – come si dice – vi fanno curriculum e autostima.** Ci arriverete, incapacy, non in questo libro, ma ci arriverete.

Nel mio programma didattico, non so se ve ne siete accorti, sicuramente no, stiamo affrontando la lievitazione in modo molto graduale: nel primo capitolo abbiamo utilizzato il lievito di birra per fare la pastella dei fiori di zucca, mentre adesso aggiungiamo una difficoltà, ossia quali sono le condizioni favorevoli alla sua crescita, perché quelle sfavorevoli magari le conoscete benissimo.

È importante che facciate pace con la necessità di rispettare delle regole ben precise, come accade tutte le volte che avete a che fare con un altro essere vivente. Insomma, non funziona come con la lievitazione chimica,[6] che in forno, qualsiasi cosa accada, a meno che non siate proprio degli incapacy inclassificabili, comunque il risultato lo portate a casa.

Il lievito di birra è composto da organismi unicellulari, nello specifico sono funghi che, come tali, si devono nutrire, devono respirare, stare in un ambiente a loro favorevole e, come tutti noi, un giorno dovranno morire. Prima di farli morire, però, dovete fargli svolgere il loro compito.

Allora a cosa dobbiamo stare attenti, più voi che io ovviamente:

- il lievito di birra compresso va sciolto in un po' di acqua o latte tiepidi, non bollenti e non gelati, e va inserito nella preparazione con gli ingredienti

5   Il Pigneto è un quartiere di Roma noto anche per la vita notturna, dove andavamo noi ragazze maledette da giovani. Ora, invece, nanna alle 21.20.
6   Qui vi sblocco un ricordo: la lievitazione chimica ve l'ho spiegata a pag. 68.

secchi: questo passaggio non ha una ragione "chimica", serve solo a disperdere meglio il lievito. Ma se, da incapacy quali siete, ve lo dimenticate e lo mettete alla fine, lui svolgerà comunque la sua funzione;

- la sua temperatura di attivazione è intorno ai 28 °C e quella di morte intorno ai 50-55 °C;
- siete fissati che il sale uccida il lievito: sì, è vero, ma lo uccide solo se a contatto diretto e prolungato, non in quei 10 minuti in cui impastate tutto insieme in macchina. Tra l'altro, nel nostro caso, la quantità di impasto è molto piccola, quindi ho paura che, se introdotto alla fine, il sale non vi si scioglierebbe abbastanza. Insomma, tenete a mente che il sale si inserisce per ultimo nei lievitati, ma anche che state per fare 15 maritozzi in croce;
- lo zucchero ce lo dovete sempre mettere, anche poco, perché il lievito se ne nutre e, a contatto con l'acqua, trasforma gli zuccheri in anidride carbonica.

Ora che vi ho dato queste informazioni, forse capirete meglio l'ordine di inserimento degli ingredienti quando si prepara un lievitato, compresi i nostri maritozzi, che chiaramente non corrisponde alla vostra regola preferita: "come mi sento di fare". No, quello vale per tutto tranne che per i lievitati.

COSA VI SERVE:

per 15 maritozzi

Per il preimpasto:
- 100 ml d'acqua
- 10 g di lievito di birra compresso
- 45 g di farina 00
- 45 g di farina Manitoba

Per l'impasto:
- 205 g di farina 00
- 205 g di farina Manitoba
- 130 ml di latte fresco intero
- 110 g di zucchero semolato
- 10 g di sale

- 1 cucchiaino di miele millefiori
- aromi a vostra scelta, io dico sempre vaniglia, ma se ci volete mettere limone o arancia sono fatti vostri
- 120 g di uova
- 100 g di burro morbido
- 100 g di uvetta, ammollata in acqua tiepida e ben strizzata

Per la panna montata:
- 350 g di panna
- 30-35 g di zucchero semolato

PROCEDIMENTO:

Ora, cominciamo dall'**impasto**. Quindi, come dovete inserire gli ingredienti? Esattamente come vi comportate con le persone, o almeno come dovreste, ossia andando per gradi e con ordine:

1. prima di tutto preparate il poolish, che è un preimpasto semiliquido, di supporto alla lievitazione: nella planetaria con il gancio mescolate i quattro ingredienti indicati;

2. una volta ottenuta una sorta di "melma" grigiastra, mettetela a lievitare in una ciotola, che a sua volta coprirete con la pellicola, nel forno spento: è pronta quando sulla sua superficie vedete delle bollicine. Ci vorrà un'ora abbondante;

3. quando appaiono le benedette bollicine, ritrasferite il poolish nella planetaria sempre munita di gancio, aggiungete entrambe le farine, il latte, lo zucchero, il sale, il miele e gli aromi. Fate girare a velocità media;

4. inserite un uovo per volta, attendendo sempre che il precedente venga perfettamente assorbito dall'impasto prima di inserire il successivo;

5. unite il burro all'impasto in 2-3 volte, sempre seguendo il criterio di assorbimento delle uova. Ma attenzione, incapacy: la consistenza del burro è molto importante. Deve essere morbido, quindi lo dovete tagliare a cubetti e lasciare fuori dal frigo almeno un'oretta prima di utilizzarlo. Chiaramente regolatevi a seconda della temperatura del luogo in cui siete, ricordando che il burro non deve essere troppo caldo, perché in tal caso vi comincia a fuoriuscire da ogni parte, né presentarsi con la parte acquosa e quella grassa separate. E non deve nemmeno essere freddo, perché altrimenti, nel tempo necessario affinché si amalgami bene all'impasto, quest'ultimo si scalderebbe troppo, voi dovreste buttare tutto e poi verreste a piangere su cucinare_stanca, commentando ogni mio post scrivendo che le cose non vi riescono e non sapete che fare. Vi rispondo male, incapacy avvisato mezzo salvato;

6. aggiungete l'uvetta, se volete, ma fate girare ancora per poco l'impasto in planetaria, per evitare che dopo tutta questa fatica l'uvetta ve lo tagli.

Una volta ottenuto l'impasto, inizia la fase della **lievitazione**:

1. trasferite l'impasto in un contenitore capiente, coprite quest'ultimo con la pellicola e lasciate lievitare a temperatura ambiente per circa mezz'ora;

2. riponete poi il contenitore in frigo, dove dovrà restare per circa 6-7 ore;

3. trascorso questo arco di tempo, riprendete l'impasto, che dovrà essere ben freddo, e procedete con la "pezzatura": tagliate delle palline di circa 65 g l'una, se volete ottenere, come vi ho indicato, 15 maritozzi grandi, oppure fatele di 25 g se li volete piccoli, tanto a me non interessa;

4. date a queste palline la forma tipica del maritozzo, pirlandole, che significa facendole ruotare in senso antiorario sul piano di lavoro usando quelle mani calde che avete;

5. posizionate i pezzi ben distanziati su una teglia, copriteli (la teglia deve essere abbastanza alta da non far appiccicare l'impasto alla pellicola) e rimetteteli in frigo per circa 30 minuti;

6. trascorsa la mezz'ora, pirlateli nuovamente e metteteli a lievitare sempre in teglia, debitamente distanziati e coperti, vi scongiuro, per circa un paio d'ore, o comunque fino al raddoppio.

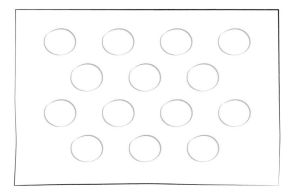

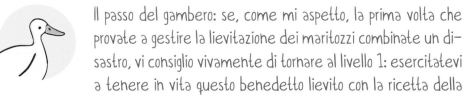

Il passo del gambero: se, come mi aspetto, la prima volta che provate a gestire la lievitazione dei maritozzi combinate un disastro, vi consiglio vivamente di tornare al livello 1: esercitatevi a tenere in vita questo benedetto lievito con la ricetta della PASTELLA A PAGG. 75-76 (anche se lì la lievitazione è molto più "istantanea", vi permetterà comunque di assimilare le regole base per non farlo morire).

Quando i maritozzi sono lievitati, incapacy miei, se ci siete ancora e non vi esce il sangue dagli occhi, spennellateli con un po' di latte e cuoceteli: in forno statico (vedi pagg. 110-111) a 180 °C per davvero poco tempo, 10-12 minuti al massimo nel caso dei maritozzi grandi e 7-8 minuti per quelli piccoli.

Veniamo alla panna montata, incapacy.

La panna è quella cosa che deve rimanere liscia, morbida e non grumosa, non deve sembrare ricotta, come la fate diventare voi.

La regola vuole che lo zucchero debba essere il 10% sul peso della panna, quindi a 100 g di panna aggiungete 10 g di zucchero, ma anche un po' meno va bene.

Montare la panna non è semplice come pensate. Certo, è semplice se viene montata come fate voi, in una ciotola di plastica calda, a bassa velocità, fino a quando non vi ricordate di disattivare le fruste, per poi dire: "quanto è grassa questa panna".

La panna montata male al gusto risulta più "calda" e più grassa, perché i globuli di grasso si sono solo ingrossati, senza incorporare abbastanza aria.

Dunque, ecco le regole base:

- per l'utilizzo che ne dobbiamo fare, la panna deve essere ben montata, non state preparando un semifreddo;
- deve essere fredda di frigo, intorno ai 4 °C è perfetta;
- se volete fare proprio i seri, mettete la ciotola di metallo, la frusta e la panna in frigo, così tutti gli elementi saranno freddi freddissimi, come devono essere;
- aggiungete lo zucchero semolato e montate a velocità elevata, senza schizzare tutto il possibile e immaginabile. Potete coprire la ciotola con un canovaccio, in una fase iniziale;
- capite che è pronta quando diventa leggermente lucida e sostenuta, ma non grumosa;
- se diventa grumosa, riazionate le fruste a velocità allegra e preparate un bel burro fatto in casa;
- se a causa di tutte le vostre problematiche vi siete dimenticati lo zucchero semolato, procedete aggiungendo la stessa quantità di zucchero a velo e riattivate le fruste, a velocità moderata, giusto il tempo di riportare la panna a una consistenza adatta.

Dopo che avrete montato la panna e che i maritozzi si saranno freddati molto bene, potete **farcirli**:

1. tagliateli dall'alto verso il basso, cortesemente con un taglio che non sia perpendicolare, ma leggermente obliquo, e lasciando le due metà attaccate;

2. per farcirli, io userei il sac à poche con la bocchetta rigata (vedi pag. 35), ma voi potete pure metterci la panna a cucchiaiate, purché poi livelliate la superficie con una spatolina. Anzi, come sempre, fate quello che vi pare.

Roma, grazie per averci insegnato la delusione delle aspettative quando ci allontaniamo da te. E grazie per aver insegnato al mondo cosa sono i maritozzi.

DAD N. 3

BIGNÈ:
È FACILE SMETTERE
DI FARLI VENIRE PIATTI,
SE SAI COME FARLO

Cosa sono:
- la croce di ogni apprendista pasticciere;
- involucri di pasta secca e dal sapore neutro, vuoti all'interno, se vi vengono bene, certo;
- dischi volanti inutilizzabili e fonte massima di frustrazione, se non crescono.

Da cosa è composto questo impasto del demonio:
- acqua (o altro liquido, ma per voi è sufficiente sapere questo);
- sale;
- burro;
- farina;
- uova.

Questi 5 ingredienti costituiscono la pasta choux, ma vediamo meglio che ruolo hanno:
- l'**acqua**, oltre a far sciogliere il **sale** e a creare la parte gelatinosa dell'impasto, dopo essere entrata in contatto con la farina serve a far crescere il bignè in forno, perché evaporando spingerà sull'impasto che, se opportunamente eseguito, e qui ho i miei seri dubbi, si dilaterà, trattenendo in una prima fase il vapore. Per acqua intendo, anche e soprattutto, quella presente nelle uova;
- il **burro** è un grasso e fin qui ci siete anche voi, credo. Il grasso con cosa è immiscibile?

Con l'acqua, e quindi, essendo presente nella pasta choux, creerà una barriera impermeabile che tratterrà il vapore. I bignè, di conseguenza, più sono grassi e più saranno vuoti all'interno, perché aumenterà anche il loro potere di trattenere il vapore;

- la **farina** da scegliere è di forza medio-bassa: più ne aggiungiamo e più abbiamo bisogno di aumentare la componente acquosa, in particolare quella delle uova. Ve lo dico solo per completezza di informazioni, non mi aspetto che la usiate davvero: se vi impegnate vi vengono, quasi bene, pure con la farina di casa. Se invece siete del segno della Vergine e non accettate di fare le cose a caso, andate a pagg. 173-174 per capire di cosa parliamo quando citiamo la forza della farina;

- le **uova**, ricordo a me stessa, perché ho paura che ve la prendiate, apportano acqua e componente proteica: la prima, come abbiamo visto, idrata l'impasto, consentendo in parte il suo sviluppo, la seconda, grazie alla coagulazione delle proteine stesse sotto l'azione della temperatura, permette al bignè di rimanere in forma. Però le proteine non fanno miracoli, dovete cuocere i bignè a sufficienza, altrimenti lacrimoni.

Cosa ho sbagliato?

I bignè hanno mille bozzi ⟶ l'impasto era troppo denso, ma sempre meglio che irrimediabilmente liquido, quantomeno vi sono cresciuti.

I bignè hanno la base che rientra verso l'interno ⟶ l'impasto era troppo liquido, ma se non era proprio un brodo, almeno vi sono cresciuti.

Cosa non devo sbagliare?

Visto che siete delle lumache, una volta formati i bignè con il sac à poche (vedi pag. 35) non attendete troppo per infornarli, riempite una teglia e infornate subito, perché non state facendo i macaron, non si deve creare la pellicola in superficie, altrimenti il bignè si sviluppa male e poi con chi ve la dovete prendere? Con voi stessi, come sempre.

Quale magia c'è dietro?

La pre-gelatinizzazione dell'amido: quando al liquido formato da acqua, burro e sale aggiungete la farina e ricuocete il tutto nel pentolino, come vedremo meglio nella prossima ricetta, avviene la pre-gelatinizzazione dell'amido. Questo passaggio, quindi, rappresenta una prima cottura delle materie prime, che formano un vero e proprio gel impermeabile, grazie alla presenza del grasso.

La cottura: valvola sì o valvola no?

Il forno, la valvola aperta o chiusa: ricordate? Ho già scritto tutto nell'apposita DaD (vedi pagg. 110-113), quindi non mi ripeterò. Per i bignè partite col forno statico chiuso e, quando siete sicurissimi del loro completo sviluppo, aprite delicatamente e leggermente lo sportello, per poi incastrarci la benedetta pallina di alluminio – sì Sofia, lo stai davvero scrivendo in un libro – o il manico di una cucchiara di legno (e anche questo, sì Sofia, lo stai scrivendo in un libro). In questo modo i bignè si seccheranno e, molto probabilmente, non dovrete buttarvi per terra disperati davanti a una teglia di bignè accartocciati su loro stessi. Attenzione a non farvi ingannare, da questi ultimi e nemmeno dal vetro del vostro forno, che sicuramente è marroncino e sporco e vi farà credere che i bignè siano di un colore più scuro di quello effettivo: quando vi sembrano cotti aspettate ancora un minuto, pena lo sgonfiamento dei bignè e di tutte le vostre false speranze. Se invece siete persone con una vita perfetta, una cucina perfetta e un forno semiprofessionale, aprite la valvola.

I tempi di cottura dipendono molto da quanto sono grandi i bignè, quindi, alla stessa temperatura, a seconda della pezzatura ci vorrà più o meno tempo, ma comunque quasi sempre fra i 15 e i 20 minuti.

Un modo per capire quando sono cotti è come sempre il metodo empirico: essendo un impasto abbastanza grasso, sulla superficie (o sulle parti laterali, se sulla superficie avete messo il craquelin, che vi spiego tra poco) in cottura potrete notare delle piccole bollicine che "friggono": quando queste spariscono, tendenzialmente il bignè è cotto.

BIGNÈ CRAQUELIN ALLA CREMA

L'incapacity di avere contezza di quello che sta succedendo nella nostra vita

Gli ordini di problemi presenti in questa ricetta sono diversi e articolati, ma solo in minima parte riguardano la ricetta in sé, sulla quale ho davvero pochissime aspettative di risultato nei vostri confronti, anche se sono pronta a ricredermi. Piangendo, ma sono pronta.

Sbagliare è la nostra arte, a questo punto del percorso lo sappiamo, non dico che abbiamo fatto pace con l'ipotesi di fallimento, ma ci siamo molto vicini. Quello su cui voglio attenzionarvi è l'approccio errato che avete rispetto al fallimento: l'autoindulgenza non vi porterà da nessuna parte, meno che mai con i bignè. Si tratta, infatti, di una ricetta spietata, che ci insegna che non va bene tutto, che esiste davvero nella vita, al di là delle grafiche motivazionali da cinquantenne su Facebook che vi manda zia Maria, un limite senza speranza, un momento in cui avete sbagliato talmente tanto che non potete più tornare indietro. Questo momento dovete riconoscerlo, possibilmente un secondo prima della catastrofe, ma se lo avete superato non esistono affanni né preghiere, dovete buttare tutto e ricominciare. I bignè sono crudeli per questo, non sono come le relazioni, in cui il momento di non ritorno è più sfumato: può anche andare tutto bene, ma poi inserite un uovo in più, una parola in più e l'impasto è perso per sempre. Forse i bignè sono Scorpione, ma non lo so.

In questa ricetta, comunque, i bignè avranno un salvagente, ossia il craquelin, che non è altro che una frolla senza uova: è certamente uno sbattimento in più, ma è quello sforzo che dovete fare per avere una chance. Come quando dovete chiedere scusa al vostro partner anche se non credete di essere nel torto, allo stesso modo il craquelin, pure se lo fate controvoglia, vi aiuterà a far sviluppare i bignè nonostante l'impasto non sia perfetto.

Può sembrare un paradosso, aggiungere un peso su una massa apparentemente debole e morbida per farla crescere, ma quel peso in cottura è un'ulteriore barriera "grassa" che non consentirà al vapore di uscire, permettendo invece al bignè di gonfiarsi: se state aggrottando la fronte, significa che non avete letto la DaD sui bignè. Rimediate, grazie.

COSA VI SERVE:

per circa 20 bignè, esempi di consapevolezza e macchinosità, da 5 cm di diametro

Per il craquelin:
- 60 g di burro
- 80 g di farina 00
- 80 g di zucchero semolato

Per la pâte à choux,
per gli italiani "molto italiani" (cit. Boris,
Stanis La Rochelle) la pasta bignè:
- 130 ml d'acqua
- 1 g di sale
- 100 g di burro

- 90 g di farina 00[7]
- 5 uova

Per la crema pasticciera:
- i semi di una bacca di vaniglia
- 500 ml di latte fresco intero
- 150 g di panna
- 7 uova (vi serviranno i tuorli)
- 40 g di amido di riso o 35 di amido di mais
- 120 g di zucchero semolato

PROCEDIMENTO:

Iniziamo dal **craquelin**, ormai la frolla la sapete fare, i biscotti alla camomilla vi hanno insegnato a lavorare velocemente, con le mani fredde e l'animo ancora di più:

1. impastate burro e farina nella planetaria munita di foglia a velocità media: l'impasto si forma rapidamente, vedrete che in poco più di un minuto ve la cavate, incapacy miei;

2. quando l'impasto risulta sabbiato, aggiungete lo zucchero, lavorate poco e approssimativamente, questo lo sapete fare senza alcuna indicazione particolare o impegno;

3. quando avete l'impasto pronto, stendetelo tra due fogli di carta forno, usando il matterello, a un'altezza di circa 1,5 mm, ricordandovi sempre che questo peso vi salverà la ricetta e la relazione, ma anche che *in medio stat virtus*: non abusate della pazienza altrui, il peso deve esserci, ma deve essere leggero;

---

7 Come vi ho già detto nella DaD sui bignè, non me la sento di sopravvalutarvi, quindi in questa fase non entro troppo nello specifico: una farina 00 va bene, ma per favore evitate quelle tipo Manitoba (il motivo, ossia il loro glutine forte, lo capirete al livello 3).

4. una volta spianato il craquelin, preparate una teglia o un piatto piano e rivestiteli con altra carta forno. Prendete poi un coppapasta, di un diametro che sia equivalente, o leggermente più grande, rispetto al diametro dei bignè, formate dei cerchietti, trasferiteli sulla teglia o sul piatto e metteteli in freezer. Se non lo fate, vi si squaglieranno in forno e poi vietato piangere.

A questo punto potete passare alla preparazione della pasta bignè:

1. in un pentolino, meglio se antiaderente, portate a bollore l'acqua, con al suo interno il sale e il burro. Se la fisica non è un'opinione, vi consiglierei di utilizzare un burro a temperatura ambiente, perché i passaggi di stato non li avete imparati solo per prendere 5 in fisica, ma per applicarli con buonsenso. Se il burro è gelido di frigo, per sciogliersi deve tornare prima a temperatura ambiente, e nel frattempo l'acqua, che non sta là ad aspettarlo, inizierà a evaporare sbilanciandovi la ricetta. Questa è la prima grande attenzione che dovete avere, altrimenti dopo, al momento di inserire le uova (che, ricordo a me stessa, sono composte in larga parte d'acqua), o non vi basteranno o saranno eccessive, ma andiamo per gradi;
2. una volta raggiunto il bollore (il che significa che di 130 g d'acqua non dovete farne rimanere 20) e appena vedete due bollicine, togliete il composto dal fuoco e versate in un solo colpo la farina setacciata al suo interno;
3. aiutandovi con una spatola, mescolate il tutto in modo che la farina venga completamente assorbita da acqua e burro;
4. a questo punto rimettete il composto sul fuoco, possibilmente basso. Che vi torna in mente? Il roux della besciamella? Esatto, questo polentino funziona più o meno allo stesso modo, solo che qui non basta che diventi biondino, dovete portarlo a una temperatura compresa fra gli 80 e i 90 °C. Se non avete un termometro perché la sfida vi piace – ma così la perdete, credetemi – vi occorreranno 2 minuti circa;
5. raggiunti i gradi desiderati, quindi cotto il polentino, trasferite il tutto nella planetaria con la foglia inserita. Se avete muscoli e buona volontà, potete svolgere quest'operazione anche con un cucchiaio di legno, ma io lo sconsiglio perché la buona volontà non sapete neanche cosa significhi, quindi prendo le distanze dai vostri futuri fallimenti;

6. fate girare il polentino a una velocità abbastanza sostenuta, fino a che questo non si sarà ben raffreddato: per ben raffreddato intendo intorno ai 60 °C, altrimenti cosa succede quando si inseriscono le uova? Frittata, come sempre, perché coagulano intorno ai 60 °C. Allo stesso tempo, non bisogna scendere mai sotto i 30-35 °C, perché altrimenti si romperebbe l'emulsione fra acqua e grasso e addio bignè;

7. quando il polentino avrà raggiunto la temperatura ottimale, ecco il momento della concentrazione: dovrete capire per forza cosa state facendo, cosa vi sta chiedendo il polentino, così come i vostri malcapitati interlocutori. Qui tutti i nodi vengono al pettine, è un passaggio catartico, quasi quanto quello in cui fisserete il forno, pregando che questi maledetti bignè vi assolvano dai vostri peccati e crescano. Crescete pure voi però, vi prego, non datevi solo pacche sulle spalle. Attenzione, incapacy, le uova sono una vostra specialità;

8. rompetele in un contenitore e incorporatele al polentino una alla volta. Lasciate che ogni uovo sia assorbito dall'impasto e poi guardatelo intensamente; dopo il terzo uovo iniziate a fare la prova della spada: se alzando la foglia della planetaria l'impasto rimane attaccato a quest'ultima e nella parte finale assume una forma a punta, fermatevi, perché significa che questo è il limite di sopportazione del polentino. Se invece l'impasto è ancora troppo sodo e non si forma non solo la spada, ma neanche un minipugnale, continuate a mettere le uova. Vi potrebbe capitare che, attenendovi alla ricetta, le uova non siano sufficienti: in questo caso, oltre a dirvi "sono un incapacy massim*", vi consiglio di inserire poco alla volta solo albumi, per evitare di sbilanciare la parte grassa con l'aggiunta di altri tuorli.

 Il passo del gambero: se il polentino vi è venuto separato, grumoso e con il grasso del burro che fuoriesce da ogni parte, vi consiglio vivamente di esercitarvi per circa 20 giorni con il roux della BESCIAMELLA CHE VI HO SPIEGATO A PAG. 48, al livello 1, e prenotare subito una visita dal dottore. Poi, forse, potete riprovare a fare i bignè.

Qui chiuderei la ricetta, perché non oso immaginare cosa farete, dato che ora dovrete utilizzare il sac à poche con la bocchetta metallica di 1 cm di diametro (vedi pag. 35). Ma non posso, quindi passiamo alla **formatura dei bignè**:

1. prima di assaporare la disfatta di Caporetto, accenderei il forno, statico a 190 °C, grazie;

2. una volta fissata la bocchetta sul sac à poche, versate la pasta bignè al suo interno e poi arrotolatelo, tipo calzino, per i primi cm della lunghezza, così non vi sporcate e non vi vomita dalla parte superiore quando andate a premerlo per formare i bignè. Non sapendo voi maneggiare il sac à poche – anzi, forse non lo sapete neanche riempire –, per svolgere quest'operazione fatevi aiutare da qualcuno o da un bicchiere stretto e alto, in modo da inserirci il sac à poche e poter utilizzare entrambe le vostre manine per riempirlo. Cercate infatti con un tarocco di portare l'impasto il più possibile verso la bocchetta, con delicatezza e, ovviamente, appoggiandovi su un piano;

3. ora potete formare i bignè su una teglia,[8] ricordandovi che dovranno essere tutti ben distanziati, a file alternate, per favorire la distribuzione omogenea del calore del forno e per non farli toccare fra loro quando aumenteranno di volume durante la cottura;

4. fateli di circa 5 cm di diametro: mettete il sac à poche leggermente in obliquo rispetto al piano e cercate di non creare delle punte sulla superficie dell'impasto. Se vi vengono, abbassatele con un dito leggermente bagnato d'acqua;

5. una volta formati i bignè, prendete il craquelin in freezer e adagiate i vostri dolci dischetti congelati sopra i cerchietti di impasto, delicatamente, senza schiacciare.

A questo punto potete **cuocerli** e mettere la vostra anima in braccio al vostro santo preferito. Tranquilli, incapacy, non vi ho fatti arrivare fino a questo punto rischiando poi di rovinare tutto con la cottura: le mie indicazioni le trovate nella DaD sui bignè, a pag. 132. In questo caso, comunque, date le ridotte dimensioni dei bignè, circa 15 minuti dovrebbero bastare.

---

8 Sarebbe meglio utilizzare una teglia microforata o una teglia rivestita con un tappetino microforato (vedi pag. 35), affinché il calore arrivi all'impasto in modo omogeneo e ben distribuito, ma voi avete ben altri problemi in questo frangente, quindi una semplice teglia con carta forno sarà più che sufficiente. Per spronarvi al massimo – come sono buona – ho scelto anch'io quest'ultima opzione: i risultati si possono ottenere persino in una vita da incapacy.

Una volta sfornati, lasciateli a temperatura ambiente. Volendo potete congelarli da cotti, oppure anche da crudi, ma non voglio darvi troppe idee.

Siete stanchi? Non mi interessa, bevetevi un bicchierone d'acqua, evitate i biscotti alla camomilla con il loro effetto calmante e procedete con la **preparazione della crema pasticciera**.

Io mi auguro che abbiate rilevato l'importanza del termometro, ma se così non fosse declino tutte le mie responsabilità sulla vostra personale percezione della cottura della crema.

Focalizziamoci sull'obiettivo finale, quello che non siamo e quello che non vogliamo (scusa Montale, non mi venire a perseguitare in sogno): la frittata.

Per non fare una frittata è importante che la cottura sia gestita magistralmente o che sia semplicemente gestita:

1. per prima cosa prendete la bacca di vaniglia e operatela: col bisturi o con un semplice coltello a lama fine, effettuate un taglio longitudinale e, con la stessa lama, raschiate i semini e teneteli da parte;

2. in una pentola, possibilmente con doppio fondo, versate il latte, la panna e la bacca di vaniglia ormai svuotata, come mi sento io al secondo capitolo di questo libro, e iniziate a far scaldare il composto a fuoco basso;

3. in una ciotola separate i tuorli dagli albumi, con questi ultimi poi ci farete le meringhe, ma qua proprio non ce li voglio;

4. aiutandovi con una frusta, mescolate i tuorli, l'amido, i semi di vaniglia e lo zucchero, velocemente. Il composto deve essere solo ben amalgamato, non dovete montarlo, perché lo so che dove non c'è fatica da fare voi provate comunque a farla e viceversa;

5. quando il latte sobbolle – dico sobbolle perché il latte è già pastorizzato, non lo dovete pastorizzare voi, quindi deve essere più che altro una rapida e profonda scaldata – versatene metà sulla pastella che avete appena creato, per stemperarla, e poi ritrasferite il tutto nella pentola e rimettete sul fuoco;

6. la cottura è la fase più importante: mescolate con una spatola, non con la frusta che, data la sua forma, non arriva agli angoli della pentola. Voi invece dovete arrivare a una temperatura di 82-84 °C, per favore, è fondamentale che la controlliate ossessivamente affinché la crema venga bene;

7. raggiunta la temperatura corretta, togliete immediatamente la crema dal

fuoco e, con la frusta, giratela con forza abbastanza sostenuta finché non risulterà bella lucida;

8. ora prendete una teglia pulita, versateci la crema calda, copritela con pellicola a contatto, gentilmente senza bruciarvi;

9. teoricamente deve raffreddarsi nel minor tempo possibile, quindi potreste pensare di immergere la teglia contenente la crema per i ¾ in una più grande riempita di acqua e ghiaccio. Meglio non metterla in frigo, perché altrimenti si spaccherebbe nello sforzo che dovrebbe fare per tornare a temperatura ambiente, considerando anche che agli altri cibi non fa bene un tracollo di temperatura in frigo.

Una volta che la crema si sarà freddata – spero che nel frattempo abbiate già lavato il sac à poche, per cui questa volta potete utilizzare una bocchetta più piccola, anche da 0,5 mm – versatela proprio nel sac à poche e utilizzatela per **riempire i bignè**. Prendete in mano un bignè e foratelo alla base con la bocchetta, premete piano ma riempitelo bene, dovrà pesare più di prima, possibilmente senza farlo scoppiare.

Sbagliare a preparare i bignè è molto semplice, ma individuare il momento in cui il bignè è pieno e non ne può più né della crema né di voi è ancora più semplice. Quando inizia a scricchiolare e a dilatarsi bene, quando non vi risponde più al telefono né ai messaggi, è pieno, di crema e di voi.

 Parliamo sempre di limiti, incapacy miei, nei bignè come nelle persone, solo che nei bignè c'è una fenomenologia più fruibile e immediata.

A CENA DA HANNIBAL LECTER:
SCORTESIE PER GLI OSPITI

Se ve rode, rimandate il pranzo.

Indovinate chi non vede l'ora di venire a casa vostra a vedervi col muso o a godere degli sguardi odiosi che lanciate al vostro partner durante il pranzo?

NESSUNO.

Se ve rode, abbiate la decenza di non far andare di traverso a tutti il vostro pranzo, cucinato male, e la giornata intera. Rimandate, vi ringrazieremo.

No, le foto del matrimonio di vostro cugino a Zagarolo non le vogliamo vedere.

Così come i video del battesimo di vostro nipote, con slow motion sull'acqua santa che scende sulla fronte.

Le 5239 foto delle vacanze, solo se siete Oliviero Toscani. Parliamo, oppure mangiamo e andiamo a casa.

Parliamo, sì. Ma a tutto c'è un limite:

- se volevo guardare un reality, stavo a casa e mangiavo quello che decidevo io. Se invitate gente a casa vostra, parliamo di cose che tutti a un tavolo possano capire, non del nipote del vostro parente di Capistrello che "quanto si vede che sta iniziando a soffrire di calvizie come il padre": non so chi è il padre, non so chi è lui, non me ne può frega' de meno;
- a Roma si dice "sputa 'n'attimo", ossia fai una pausa mentre parli, non ci hai invitati alla tua dissertazione di laurea. Rinnovo il concetto: se volevo sentire la radio, evitavo l'enorme fatica di vestirmi e trascinarmi fuori di casa. Parlate meno, chiedete anche qualcosa agli altri, com'era quella frase sul silenzio fra

le persone che stanno bene insieme? Io non me la ricordo, voi sicuramente sì, non lasciate che resti solo una dedica sul diario delle medie, applicatela.

Inviti col cronometro: anche no, grazie.

Se c'avete da fa', facciamo un'altra volta, già non me ne frega niente di venire a casa vostra, figuratevi se mi dite: "sì vediamoci, ma dalle 13 alle 14.30, che poi ho un impegno".

Evitate di far mangiare la gente con l'imbuto.

Il fatto che io sappia cucinare non significa che voglia farlo a casa vostra.

Se volevo cucinare, vi invitavo io a casa mia.

Ah, no, non vi voglio sbucciare le patate che ancora non avete infornato al mio arrivo, nonostante io sia arrivat* educatamente 15 minuti dopo l'orario concordato.

Ognuno porta qualcosa.

Certo, se siamo 45 nel tuo giardino, ci sta che ognuno porti qualcosa soprattutto se questo "ognuno" magna per 4, tipo le amiche mie. Ma, spartendo il cibo da portare fra i suoi invitati, Hannibal Lecter tradisce simpatie e antipatie, oppure ha semplicemente poca contezza della realtà. Allora:

- **Piera** porta 3 bottiglie di Sassicaia, 2 pacchi di salmone norvegese e 3 tartufi bianchi, che se abbiamo fame li mettiamo sulle bruschette a mezzanotte;
- **Martino** porta 45 fette di Wagyu e basta, che già fa il giro lungo per andare in macelleria da casa sua;
- **Nicoletta** porta le angurie nere Densuke e un po' di ghiaccio per tenerle fresche (almeno 5, che altrimenti non bastano);
- **mia cugina** porta la carbonella per il barbecue;
- **io raga** prendo il pane, i pomodori e i tovaglioli, che di basilico ho già le piante in giardino.

Grazie, una cena equa.

Se i vostri animali mangiano a tavola con voi o sono abituati a salire sul tavolo, a pranzo invitate San Francesco.
Fateli mangiare prima, mi fa venire da piangere il vostro cane che mi fissa implorando cibo. E no, non voglio dividere la panna cotta col vostro gatto.

La toilette:

- la carta igienica mettetela prima che io mi sieda a fare la pipì e debba chiamarvi tipo: "mamma ho fatto, vieeeni?";
- non mi voglio asciugare le mani con un asciugamano già usato e umidiccio, investite su tre lavette per gli ospiti;
- se per caso quello che mi fate mangiare mi fa da purga, non esiste che non abbiate lo scopino;
- sono adult*, non rimango chius* dentro al bagno, promesso, la chiave rimettetela al suo posto, perché urlare "occupato" con la porta semiaperta non mi fa sentire ancora più vostro amico. Preferisco aspettare i pompieri che mi liberino piuttosto che farmi vedere in squat sul water.

Non avevo capito che fosse un villaggio vacanze:

- no ai sequestri di persona dati da una pianificazione asfissiante di attività ludiche, dalle 14.30 alle 21.30;
- no ai giochi in cui bisogna togliersi per forza le scarpe, ancor più ampiamente no a chi ti obbliga a toglierti le scarpe in casa senza avvertirti prima. Se vuoi che io lo faccia offrimi delle pattine o pulisci quel pavimento lercio, che non me ne voglio andare con i calzini neri.

A tavola:

- no a porzioni enormi, non potete dare per scontato che mi piaccia quello che avete preparato, in caso vi chiedo il bis;
- no alla richiesta "vi cambio il piatto?" fra primo e secondo, cambiatelo e basta. Nello specifico, non voglio mangiare la scaloppina al limone dove ho

mangiato le lasagne al ragù (esempio di menu inaffrontabile, comunque, a meno che non sia per il tavolo dei bambini a un matrimonio del 1992). Qualsiasi ospite normalmente educato dirà di non cambiare il piatto, ma qualsiasi ospite normalmente educato starà mentendo.

Regole random:

- la tv la tenete accesa per tutto l'arco del pasto solo se non volete ascoltare neanche una parola di quello che dicono i vostri ospiti, o se ci sono i mondiali;
- no a guardare l'orologio in continuazione o a chiedere: "adesso quanto ci metti per tornare a casa?". (Io ci volevo proprio rimanere a casa, non me lo di' a me);
- no a piazzare su un piedistallo bomboniere che fino a quel giorno avevate tenuto nel dimenticatoio, solo perché sono della nipote di mia cugina che faceva le medie con voi, perché me ne frega ancora meno di voi;
- no a un'assegnazione di posti immodificabile e dittatoriale;
- aprite subito i regali che vi portano, li buttate dopo, dai;
- se volevo pagare andavo al ristorante, sceglievo il menu, la compagnia e non dovevo parlare con quegli ospiti noiosi che mi avete propinato a mia insaputa. Se chiedete la quota del pranzo o della cena, è l'ultima volta che ci vediamo.

UNA REGOLA VALIDA SEMPRE PER TUTTI: NON STRILLATE.

TERZO LIVELLO:
INCAPACY DOTTORATO

Sia chiaro, incapacy: questa divisione per livelli non significa che chi riuscirà a districarsi fra le ricette pensate per l'incapacy dottorato sia uno chef. Siete sempre e comunque degli incapacy: potete vincere la gara di questo libro, ma quella del mondo non lo so, secondo me ancora vi devo tenere la manina. Il profilo dell'incapacy dottorato, comunque, corrisponde a quel compagno di classe che al liceo studiava 10 ore al giorno, aveva i riassunti, i riassunti dei riassunti, la mappa concettuale, ma prendeva sempre 6 e mezzo. State cercando di ricordarvi chi fosse, ma non vi viene in mente? Eravate voi, dai, si vede.

In cucina l'incapacy dottorato ha tutto, non consulta più i libri perché li sa a memoria, anche in alfabeto farfallino, e conosce 45 versioni di pan di Spagna senza saperne realizzare neanche una.

Anche all'incapacy dottorato ogni tanto, la sera, sale un po' di tristezza, ma la mattina è tutto a posto. Gode di un grande e immotivato ottimismo verso le sue capacità di miglioramento.

Naturalmente in questo capitolo mancheranno i **Messaggi del diavolo tentatore**, sia perché si è messo una mano sulla coscienza e ha capito che questa terza tipologia di incapacy è forse la più delicata, che cadrà anche senza il suo intervento, sia perché oltre il livello 3 c'è la vita vera, quella che per fortuna non vi gestirò io.

VERDURE RIPIENE DI CARNE

Semplici come viaggiare

Cari incapacy, avete capito che questo livello è quello della resa dei conti, un po' come quando arrivate al check-in del volo che avete prenotato a 28 € per Barcellona, ma no, non vi fanno partire, perché avete calcolato male tutto.

Avevate programmato un week-end all'insegna del viaggiare leggeri, perché così fanno i/le travel blogger e voi, dopo passione food blogger per un giorno, volevate fare gli *young, wild & free* in viaggio. Peccato, però, che non siete boni.

Preparare la valigia per un week-end a Barcellona non è così diverso dal fare le verdure ripiene di carne al forno. Vi sembra un'idea carina, che non prevede eccessivi sbattimenti, ci vuole poco, costa poco, è un piatto completo. A Barcellona, del resto, c'è tutto, e vi ripetete: "mi porto poche cose, mica sto andando nel deserto".

Vi servono pochi ingredienti, insomma, così come credete vi servano pochi vestiti per 2 notti e 3 giorni a Barcellona. E quando avete iniziato a fare la valigia siete davvero partiti bene, mettendo sul letto: due paia di mutande, meglio tre, quattro magliette, un giacchetto per la sera, un paio di pantaloni lunghi, una giacca, una camicia, scarpe da ginnastica, scarpe aperte e ciabatte per il mare, se la mattina ci svegliamo a un orario decente, oppure per la doccia.

Una volta presa la valigia, pulite le verdure, preparato il ripieno, iniziate a sudare e a vagare per la stanza o per la cucina, che è comunque una stanza, urlando impazziti che non ce la fate a chiudere la valigia così. Allora prendete altre otto mutande e tre camicie, "perché se mi invitano a un gala cosa mi metto?". E poi una scarpa lucida, un maglione con le renne perché verso le 18 dice che si annuvola, altri calzini. "E se sudo, cosa faccio: non mi cambio quattro volte al giorno?": quindi minimo altre tre magliette ci vogliono. "E se mi butto la sangria sui pantaloni lunghi, rimango senza? Ma se dovessi andare nelle campagne di Barcellona, uso le scarpe da ginnastica con la base liscia che mi fanno andare lung* alla prima discesa?": urgente aggiungere gli scarponcini da trekking. Notate differenze con quello che fate con le verdure ripiene?

Sempre vagando impazziti per la stanza, pensate: "ma Sofia ci dice di mettere solo due tipi di carne nel ripieno? Pazza. Io ce ne metto quattro, anche perché mi è avanzato un po' di petto di pollo, un po' di anatra all'arancia del cinese di ieri, il pane raffermissimo del 2000 non lo butto neanche mort*". Allora aggiungete, aggiungete, aggiungete e... Vi faccio uno spoiler: l'area libera da riempire nelle verdure, così come quella della valigia, non cambia seguendo le vostre ansie. Al contrario è sempre quella, e se non curate l'involucro non partirete e non mangerete, fidatevi di me.

Quindi per adesso siete bloccati al check-in della cucina, le vostre verdure non passano, pesano troppo e in questo caso non vi aiuterà l'escamotage di mettervi tutte le cose addosso, sei gonne, due maglioni e la borsa sotto la maglietta, fingendo una gravidanza, come ho sempre fatto anche io.

Insomma, incapacy, dovete rimanere fedeli alla linea iniziale di un viaggio leggero e di un piatto unico, senza passare a quella di uno svuota frigo in una sola verdura. Non vi dovete incagliare a pensare che le verdure, se non le insaporite, sono un piatto inutile, perché la vostra idea di piatto unico e leggero a base di verdure saporite non corrisponde a quella della Polizia Aeroportuale della Cucina. Quell'idea è solo vostra, ma la legge non ammette ignoranza. Quindi, se volete partire, dovete fare come vi dico:

- scegliete l'involucro giusto e trattatelo bene: se volete portare 20 kg di vestiti e il peso massimo che potete imbarcare è 21 kg, dovete optare per una valigia quasi senza struttura. Così come se volete fare un piatto saporito, la cosa più importante è scavare bene le verdure e disidratarle prima, altrimenti il ripieno non c'entra e vi fate 'na magnata di verdura lessa, carne acquosa e lessa pure lei;
- usate pochi ingredienti, ma di ottima qualità, insaporite bene la carne con le spezie, che non pesano ma fanno il loro dovere. Così come non dovete portarvi le magliette di plastica misto poliestere, che dopo 3 minuti vi sudate anche l'anima e per forza dovete averne tredici di ricambio. Cotone 100% sta al viaggio come spezie e odori stanno alle verdure ripiene;
- fidatevi di voi stessi nel momento in cui siete lucidi, ricordandovi cosa avevate previsto e organizzato, della spesa che avevate fatto, dei vestiti che avevate intenzione, logicamente, di usare in soli 2 giorni di viaggio prima di farvi prendere dall'ansia di allontanarvi da casa. In tutto questo, spero vi ricordiate anche di quel famoso principio che a Roma traduciamo nel detto: di rosa e celeste burino se veste. Insomma, se vi portate i pantaloni a righe le magliette a pois lasciatele a casa.

Vi sto confondendo adesso, lo so, sono contenta. **Parliamo di queste benedette verdure ripiene e basta, tanto la valigia non la sapete fa' e questo non è un libro su come organizzarsi la vita, anche perché io in quella materia ho avuto sempre il debito.**

A cosa dovete fare attenzione:

- scegliete verdure che siano tutte più o meno della stessa grandezza, altrimenti si cuoceranno in tempi diversi e, per toglierle dal forno, rovinerete la già orribile composizione che avrete cercato di accroccare;
- le verdure vanno sempre mondate, pulite e tagliate a metà per la lunghezza. A seconda del caso specifico, poi, dovete avere determinati accorgimenti. Ad esempio:
  - le zucchine, così come le melanzane, una volta svuotate vanno cosparse di sale grosso e lasciate a riposare capovolte, per circa 30-40 minuti. Dopodiché dovreste passarci sopra un panno, per togliere il sale, e asciugarle ulteriormente;
  - io solitamente, sia per le zucchine sia per le melanzane, faccio anche un secondo passaggio: prima di riempirle, le lascio in forno ventilato a circa 200 °C per almeno 15 minuti, cosparse con un po' d'olio. In questo modo si disidratano ancora di più e si crea una leggera pellicola impermeabile, che non farà completamente annacquare le verdure se la carne che avete scelto decide, in cottura, di buttare il Gange fuori da se stessa. Zia Luciana ci mette pure un po' di parmigiano fra le verdure e la carne, ancora più impermeabilizzante, provate;
- quando scavate le verdure, cercate di mantenere lo stesso spessore in tutte quelle che scegliete di uccidere in forno, altrimenti alcune saranno più cotte e, durante il pranzo, sarete indecisi su a chi appioppare quella cattiveria che è una melanzana mezza cruda e annacquata;
- il ripieno deve essere carico di carne, ma non vi dovete dimenticare una parte che dia un po' di morbidezza, altrimenti siete come quelle persone che fanno le polpette con sola carne, che per mandarle giù ti devi bere 30 litri d'acqua, che probabilmente sarà quella che lascerete dentro le verdure;
- sul forno non vorrei specificare nulla, anzi sì: se una cosa si deve asciugare, il forno ventilato è l'unica via che avete, ma potete farvi un ripasso nell'apposita DaD a pagg. 110-113.

Iniziamo da verdure semplici, eviterei i pomodori, che sono praticamente acqua rossa: facciamo le zucchine, le melanzane e i peperoni, se volete provare anche una cipolletta, che non solo io trovo speciale da mangiare, ma messa in forno insieme agli altri ortaggi crea tutta una situazione che insaporisce. Diciamo che dipende anche da cosa dovete fa' dopo pranzo.

COSA VI SERVE:

per questo viaggio nei sapori. Scherzo, fulminatemi se mai dovessi dire una frase del genere. Per due persone

Per le verdure:
- 1 zucchina
- 1 melanzana
- 1 peperone
- 1 cipolla

Per il ripieno:
- 200 g di macinato di manzo
- 100 g di mortadella frullata
- 1 patata lessa
- la polpa delle verdure che avete delicatamente svuotato

- 2 fette di pane ammollate nel latte e ben strizzate
- 2 cucchiai abbondanti di parmigiano
- 1 spicchio d'aglio
- ½ scalogno frullato
- prezzemolo e basilico tritati, in quantità a vostro gusto, per me tantissimi
- sale, pepe nero macinato e noce moscata, sempre in quantità a vostro gusto
- pangrattato per fare la crosticina, mescolato con olio, altro prezzemolo tritato, sale e pepe nero macinato

PROCEDIMENTO:

Iniziate dalla **preparazione delle verdure**:

1. tagliatele in due, nel senso della lunghezza, e con uno scavino estraete la polpa, senza bucarle grazie. Per la cipolla sarà sufficiente iniziare a rimuovere gli anelli centrali, andando gradualmente verso l'esterno, fino a lasciare un'area apprezzabile che possa contenere il ripieno e le vostre personalità multiple;

2. mettete la polpa a scolare in uno scolapasta con un peso sopra, perché voi siete quelle persone che fanno di tutto per togliere l'acqua dalle verdure e che, con un solo colpo, ce la rimettono farcendole con la polpa ancora piena

d'acqua. Ma io no, quindi non siate illogici. Se riuscite, inclinate leggermente lo scolapasta, così l'acqua defluisce ancora meglio;

3. quando la polpa avrà perso tutta l'acqua, ci vorrà circa una mezz'ora, tagliatela grossolanamente e ripassatela in padella con un filo d'olio, per farla disidratare ancora un pochino: potete cuocere la polpa di verdure diverse tutta insieme, in un'unica padella.

Come fare per il **ripieno** non ve lo dico, arrivateci da soli, dai: è una polpetta messa dentro alle verdure, quindi la sapete già realizzare, a questo livello posso anche trattarvi un po' da adulti? Se vi ho appena sopravvalutato, dovete amalgamare tutti gli ingredienti del ripieno, eccetto il pangrattato condito, in una ciotola.

A questo punto, potete **farcire e cuocere le verdure**:

1. preriscaldate il forno ventilato a 200 °C e riempite con un cucchiaio le verdure: l'unica cosa che vi chiedo è di non lasciare buchi sotto, spalmando il ripieno con un po' di interesse, come se davvero foste persone organizzate che una valigia perfetta la sanno fare. L'altra unica cosa che vi chiedo è di non esagerare, perché se ne mettete troppo il ripieno si gonfia e le verdure vengono bruttine, però decidete voi;

2. cospargete d'olio la teglia e adagiatevi le verdure. Fatele cuocere per circa 40 minuti e, passata la prima mezz'ora, ricordatevi di tirare fuori la teglia, cospargere le verdure con il pangrattato condito e lasciar cuocere il tutto per gli ultimi 10 minuti circa, con il grill e alla massima temperatura, in modo che il pangrattato diventi croccante e non sembri pane bagnato.

Adesso lo so che non vi fidate della vostra idea di partenza, quella di fare un piatto unico, e allora preparerete un'insalata con spinacino, pere, pecorino e miele, la condirete e a fine giornata la butterete, perché non se la mangerà nessuno. Così come non vi servirà la nona mutanda che decidete di mettervi in tasca la mattina alle 4, quando state andando in aeroporto.

 Su, incapacy, fidatevi un po' di voi stessi. Ho detto un po'.

LA PARMIGIANA DI MELANZANE

Le melanzane non esistono, le melanzane siamo noi

Incapacy, questa sarà una ricetta di rottura, forte e scomoda, che forse mi costerà più di una denuncia. Qui ci opponiamo nettamente alle linee guida della psicologia culinaria moderna e antica, scrivendo su un libro che le melanzane sono l'ortaggio più inutile mai creato, subito dopo le zucchine, e che per prepararle bene devono fare male, nel senso che dobbiamo "rovinarle" dal punto di vista salutistico. Le dobbiamo friggere, riempire d'olio, o comunque nascondere e camuffare. Non a caso vi ho fatti allenare con la prima ricetta di questo capitolo, in cui le avete riempite di carne.

Si può dire, dopo aver mangiato una parmigiana di melanzane a pranzo: "stasera ho una fame allucinante, alla fine mi so' mangiato solo le verdure a mezzogiorno, ho pure pranzato presto"? Chi vi può contestare una tale affermazione? Nessuno, del resto le melanzane sono verdure.

Ma si può anche dire che quello che fate con le melanzane non è altro che quello che fate sempre con le persone sciape e inutili che conoscete? Le idealizzate, attribuite loro una serie di qualità che non hanno mai avuto, se non sotto la lente dei vostri occhi distorti e desiderosi di trovare qualcuno che vi piace. Ve ne innamorate, ma di chi vi state innamorando lo avete capito? Di voi.

Dai, diciamolo, me ne assumo io la responsabilità: lo abbiamo fatto tutti, chi in modo gravissimo, come me in passato, chi in modo lieve per sopravvivere, ma tutti con lo stesso epilogo. Scoprire dolorosamente un giorno, come recita una scritta che si legge spesso sui muri, che "le poesie che leggevo in te ero io che le scrivevo, te nemmeno esistevi, te ero io". La cosa grave per me non è il fatto in sé, perché siamo stati tutti a pezzi e il 70% delle persone è inutile come una melanzana assaggiata da cruda, anche tossica; la cosa grave è il dolore e lo stupore che dimostrate quando lo scoprite.

Non capisco perché passiamo così tanto tempo a orchestrare tutto da soli, basterebbe calmarsi e analizzare l'altro così com'è senza il nostro intervento: senza friggerlo, in poche parole. Quindi, quando sentite l'irrefrenabile desiderio di friggere una persona inutile, sfogatevi sulle melanzane, che – come la lasagna – sono una strada infallibile per dimostrare amore vero o anche solo per ingannare. Come sempre, le melanzane alla parmigiana sono un altro modo per dire: "fidati di me, renderò ogni aspetto della tua vita magico, carico d'olio e indimenticabile".

Io, in effetti, non conosco altri modi per mangiare melanzane che non siano fritte, o fritte col sugo, o fritte e poi al forno o panate e poi fritte, oppure anche farcite di carne e poi al forno. Tollero forse quelle sott'olio, ma ecco, non parliamo di melanzane *sic et simpliciter*.

È chiaro che l'impresa, nonostante sembri semplice, non lo è, perché alle melanzane, così come alle persone di cui vi innamorate, è stato diagnosticato il disturbo narcisistico della personalità. Tendono, senza nascondersi troppo, ad assorbire qualsiasi cosa da voi in modo compulsivo e patologico, sono spugnose e recettive, vi levano tutto. Ma ricordatevi sempre che poi vi restituiscono quello che date loro: e voi non volete mica bervi uno shottino d'olio, giusto?! Per questo motivo, data la loro incapacità di analizzarsi e di migliorarsi, dovete essere voi a fare in modo che non assorbano qualsiasi cosa gli capiti a tiro. In poche parole, prima di tutto, dovete necessariamente metterle sotto sale con un peso sopra. Sapete perché? Perché le melanzane sono composte da microsacchette d'acqua che, in cottura, non vedono l'ora di rompersi, rilasciare acqua e riempirsi nuovamente di olio. Quindi sarebbe auspicabile far perdere loro l'acqua e riempire queste sacchette di sale, prima di friggerle. È importante perché l'unica cosa che non deve succedere, quando fate le melanzane alla parmigiana, è che in cottura diventino un brodo alla parmigiana, pieno d'acqua, in cui tutti i vostri sforzi verranno diluiti e mortificati.

Partiamo, incapacy, alla volta della crociata contro il narcisismo delle melanzane, che se gestite diventano magiche, come le persone.

COSA VI SERVE:
per quattro persone

- 1 kg di melanzane
- sale grosso

Per il sugo:
- 2 spicchi d'aglio
- olio extravergine d'oliva

- 1,5 l di passata di pomodoro
- foglie di basilico, in quantità a vostro gusto
- sale e pepe nero macinato, idem
- 750 g di mozzarella
- farina, per infarinare le melanzane
- 150 g di parmigiano
- 1,5 l di olio di semi di arachidi, per friggere
- sale in zucca e consapevolezza del nemico

PROCEDIMENTO:

Partiamo subito dalla soluzione e non dal problema, quindi dal mettere sotto sale le melanzane:

1. tagliatele nel senso della lunghezza, a uno spessore che non superi i 3 mm, perché non state facendo un filetto di carne e, per far accadere la magia, dovete diminuire al massimo l'altezza della melanzana patologica;
2. distribuitele in un paio di scolapasta e cospargetele di sale grosso, che rappresenta il vostro terapeuta di coppia: i problemi sono il suo pane quotidiano, ricerca l'acqua come un rabdomante professionista. Metteteci un peso sopra, perché in questo caso la pressione aiuta la situazione, e inclinate leggermente gli scolapasta;
3. lasciate le melanzane in questa posizione per circa 40 minuti.

Nel frattempo, preparate il sugo:

1. in padella, soffriggete i due spicchi d'aglio in abbondante olio d'oliva;
2. quando prendono un po' di colore, toglieteli e versate la passata di pomodoro con le foglie di basilico, per me parecchie;
3. fate cuocere il sugo per almeno una mezz'oretta a fuoco basso e, se volete, aggiustate di sale e pepe.

Mentre aspettate i tempi necessari a migliorare l'inutilità del mondo, tagliate la mozzarella a cubetti e strizzatela per bene, perché i problemi non vengono mai solamente da una direzione, come sempre. Se togliete l'acqua dalle melanzane, mica la vorreste reinserire a cuor leggero attraverso la mozzarella, no?

Ora riprendete le melanzane, è il momento di friggere:

1. sciacquate molto bene le melanzane; con un panno pulito o sporco, tanto ve le dovete magna' voi e tanto poi le portate a una temperatura talmente alta che i batteri muoiono, asciugatele accuratamente e infarinatele;

2. versate l'olio di semi di arachidi in una padella antiaderente e portatelo a 175-180 °C, dato che un altro elemento importantissimo per non farvi uno shottino d'olio è il controllo della sua stessa temperatura. Ma a questo punto sono stanca di ribadirlo, andatevi a rileggere la DaD sulla frittura (vedi pagg. 50-53) e ripetetela davanti allo specchio prima di procedere;

3. prima di friggere, preparatevi un paio di piatti piani con carta assorbente, per non vagare per la cucina con la schiumaiola che regge una melanzana grondante e sgocciolante, che con la fortuna che avete fate pure un bel botto e vi fate male;

4. immergete le melanzane nell'olio e, quando iniziano a dorarsi, tiratele su con la schiumaiola e adagiatele sulla carta assorbente.

A frittura ultimata, stratificate la parmigiana in una teglia dai bordi alti, seguendo quest'ordine:

- poco sugo sul fondo;
- melanzane;
- sugo;
- mozzarella e parmigiano;
- melanzane;
- sugo;
- mozzarella e parmigiano;
- procedete così fino alla fine e, come ultimo strato, usate solo sugo, tenendo però da parte una bella dose di mozzarella e parmigiano.

Cuocete in forno ventilato, ormai sapete cosa significa, a 200 °C per poco più di mezz'ora. Quando mancano circa 10 minuti alla fine della cottura, togliete la teglia dal forno, ricoprite con mozzarella e parmigiano abbondanti e impostate il grill a manetta finché non si forma la crosticina.

Spero di avervi fatto capire che da quello che avete
potete sempre ottenere qualcosa.
Perché le persone hanno un sacco di problemi
o a volte al loro interno non hanno proprio niente,
ma non è una tragedia: l'importante è che non
perdiate per troppo tempo la lucidità e sappiate sempre
riconoscere chi avete davanti, cosa vi sta chiedendo,
cosa vi sta togliendo e cosa fare in generale.
Ne potrebbe uscire quasi un capolavoro, incapacy,
perché non si può sentire che vi fate comandare
dall'inutilità. Disidratatela e friggetela, fa bene a voi
e fa bene a loro.

IL BRODO:
LA SOLUZIONE A TUTTI I MALI, TRANNE LA VOSTRA INCAPACITY, OVVIO

Innalzamento ebullioscopico: un'informazione inutile per voi.

Rinnovo sempre la mancata voglia di farvi recuperare il debito in fisica che vi portate dietro dal 2003, perciò non entrerò molto nel dettaglio. Vi darò solo delle informazioni generiche, per tapparvi la bocca per sempre: l'innalzamento ebullioscopico è la differenza di temperatura di ebollizione fra un solvente puro e una soluzione.

Pensate a una pentola d'acqua con il sale al suo interno:

- l'acqua è il solvente puro;
- il sale è il soluto;
- il mix di acqua e sale è la soluzione.

Chi bolle prima fra il solvente puro e la soluzione?

Se dovete fa' solo una pasta, potete fregarvene. È indifferente, perché il punto di ebollizione cambia se in un litro d'acqua inserite circa 58 g di sale, ma se lo faceste i vostri problemi sarebbero ben altri, perché praticamente stareste a mastica' il Mar Morto.

Quindi i tempi cambierebbero solo se doveste far bollire una soluzione satura, ossia in cui l'acqua è talmente piena di sale che si crea corpo di fondo, vale a dire che non si scioglie più niente e vedete i granelli solidi.

Il tempo che sprecate per pensare a queste cose utilizzatelo per esercitarvi nella mia disciplina preferita: dormire.

Ma cosa è il brodo?

A parte essere quell'elemento che vi ricorda la febbre, ma vi ricorda anche il Natale, è un passepartout come il nero, che sta bene sempre, in qualsiasi occasione, dal funerale al matrimonio (degli altri), alle serate pettinate.

Fisicamente è un'estrazione, perché attraverso l'ebollizione si cerca di tirare fuori i sapori e i nutrienti dalla carne, dalla verdura o dal pesce. In particolare si cerca, nel brodo di origine animale, di far sciogliere i tessuti della carne, come il collagene.

Lo potete bere da solo, tipo camomilla, usarlo per i tortellini e i cappellacci, come vedremo nella prossima ricetta, o impiegarlo per cuocere i risotti, le carni, i sughi. Insomma, quasi per tutto.

Gallina vecchia fa buon brodo, ma mica solo la gallina. Lo fanno anche la mucca, il pesce e la verdura.

Il brodo si può fare con diverse cose: tutto fa brodo, certo, ve lo ripetete da anni per giustificare la serie di stupidaggini che collezionate una dietro l'altra, ma l'importante è l'ordine di inserimento dei vari componenti:

- **brodo di pollo e di carne** in generale: iniziate a freddo, coprite la carne con abbondante acqua (di solito il peso dell'acqua deve essere il doppio del peso della carne). Partendo a freddo ci vuole un po' più di tempo, ma in questo modo la carne si sfragna di meno e l'acqua non diventa torbida come il vostro animo. Ricordatevi sempre di rimanere sotto i 100 °C e di levare quella schiumetta che si forma in superficie. I cosiddetti "odori", ossia carote, cipolle e sedano, ci arrivate da soli a capire che cuociono prima di 1 kg di carne? Quindi, per inserirli attenderei circa un paio d'ore, perché altrimenti si disintegrano, intorbidendo ancora di più il brodo. Solo durante gli ultimi 30-40 minuti aggiungete gli aromi, che sono volatili, quindi dopo ore e ore si trasformerebbero semplicemente in soldi sprecati. A cottura ultimata e una volta portato a temperatura ambiente, lasciate il brodo in frigorifero per tutta la notte. Lo so che siete incapacy e che, a questo punto, vorreste togliere tutto il grasso affiorato, ma vi posso dire che se non ne lasciate almeno un po' vi resta solo acqua sporca? Dai, su;
- **brodo di verdure:** partite a freddo e gli aromi metteteli dopo un po'; è importante che la prima parte della cottura av-

venga a fuoco vivo per poi proseguire a fuoco minimo. Una volta pronto il brodo, dovete lasciarlo un po' "fermo" per far precipitare sul fondo tutta la verdurina sfragnata;

- **brodo di pesce**: il procedimento è lo stesso del brodo di carne, si fa con gli scarti del pesce e con gli ortaggi. Lo dovete comunque far riposare, un'oretta o anche di più, e poi filtrare, sia mai che vi si pianta 'na spina in gola. L'importante è che non lo confondiate con il fumetto, nel quale si parte dagli scarti di pesce ripassati in padella in olio bollente e poi riaffogati nell'acqua, e nemmeno con la bisque, che si fa solo con i crostacei.

Di base, se dovete fare un brodo per una preparazione specifica, potete salarlo, assaggiandolo sempre, verso la fine. In linea di massima, però, me lo terrei come base neutra che vi salva la pelle quando, visto il vostro modo di essere approssimativi e distratti, avete salato troppo il risotto, lo spezzatino e quelle altre diavolerie che fate.

SE SIETE PIGRI CONGELATELO, ALTRIMENTI ANGELI MIEI, SE SIETE PROPRIO PIGRISSIMI: DADO. E IL TEMPO CHE RECUPERATE COME LO SPENDETE? LO SAPETE GIÀ, COME VI PARE.

CAPPELLACCI IN BRODO

L'America è lontana

Non vi voglio spaventare, incapacy, ma state per iniziare un viaggio lungo come l'Odissea. Ulisse voleva tornare a casa – certo, bravo – ma prima si è girato tutto il Mediterraneo: così farete voi con i cappellacci in brodo, forse qualcosa a casa porterete, ma chissà a quale prezzo.

Proviamo con un'altra storia, che sicuramente conoscete meglio: siamo nell'aprile del 1912 a Southampton, in Inghilterra, e il mio ingegno culinario ancora non ha progettato un sonar che possa prevedere se il vostro viaggio sul *Titanic* della cucina sia sicuro, quindi in questo caso non vi do alcuna garanzia di riuscita.

I cappellacci in brodo sono come l'America quando siete in Inghilterra e state giocando la vostra vita a poker in un bar. Volete vincere questa ricetta? Forse farete la stessa fine di Jack, che aveva vinto il biglietto per salire sul *Titanic* e arrivare in America, per poi ritrovarsi a mollo in quel brodo gelato dell'Atlantico. Sono sicura che, in quel momento, si sarà chiesto: "ma 'st'America alla fine era così bella? Ma non potevo andare a Londra, mi facevo le foto vicino alle cabine rosse, compravo una bella borsa da Harrods pe' mi' madre e me ne tornavo a casa?".

Così farete voi: quando vedrete aprirsi tutti quei maledetti cappellacci nel brodo, vi direte: "ma non potevo fare due maltagliati come primo piatto e le polpette per secondo?". Pensavate di arrivare in America, invece avete perso tutto l'equipaggio e avete gli ospiti in salone che suonano il violino.

Una cosa che apprezzo di voi è la vostra incoscienza, quindi, come al solito, chi sono io per non darvi una bella spintarella per affondare in un mare di guai, insieme ai vostri cappellacci? Cercherò comunque di fornirvi i braccioli e la ciambella per restare a galla, ma non so se basteranno, penso di no.

COSA VI SERVE:

per questa Odissea moderna, per quattro persone

Per il ripieno:
- olio extravergine d'oliva

- 1 rametto di rosmarino
- 500 g di scamone

- 1 costa di sedano
- 1 carota
- ½ cipolla
- 1 spicchio d'aglio
- 2 bicchieri di vino rosso
- 1 l d'acqua
- sale e pepe nero macinato, in quantità a vostro gusto
- 100 g di mascarpone
- 2 cucchiai di parmigiano

Per il brodo vegetale:
- 2 coste di sedano
- 2 carote

- 1 pomodoro
- 1 cipolla piccola
- 1 patata
- 2 zucchine
- 2 l d'acqua fredda
- aromi a piacere, *piacere mio*: pepe rosa macinato, ½ cucchiaino di cannella in polvere e 1 cm di zenzero fresco

Per la pasta all'uovo:
- 300 g di farina 00
- 100 g di semola rimacinata di grano duro
- 4 uova

PROCEDIMENTO:

Partiamo dal **ripieno**, incapacy pazienti, nel senso pazienti del dottore della mente:

1. in un tegame col doppio fondo, versate abbondante olio d'oliva e il rametto di rosmarino, per poi farvi rosolare lo scamone per 3-4 minuti a fuoco vivo. Mi piacerebbe farvelo legare con lo spago, ma neanche questa mattina mi sono svegliata Beyoncé e voi non siete Penelope che tesse la tela, quindi andate così senza legarlo, a cuor leggero, me ne assumo la responsabilità;

2. mentre lo scamone rosola beatamente, voi in una pentola con abbondante olio d'oliva soffriggete sedano, carota e cipolla, tutto tagliato finemente, non in modo grossolano come i vostri pensieri, insieme allo spicchio d'aglio intero, ovvio, e che sia ben visibile, grazie;

3. quando la carne risulta sufficientemente rosolata, copritela con i due bei bicchieroni di vino rosso, il terzo è per voi, alla goccia;

4. fate evaporare tutto l'alcol, per poi unite la carne al soffritto di sedano, carota e cipolla;

5. versate l'acqua, aggiungete sale e pepe, chiudete con il coperchio e fate cuo-

cere per 3-4 ore a fuoco basso, ovviamente controllando sempre il livello dei liquidi, non facendo i finti tonti che si fidano di un libro di cucina;

6. passato il tempo necessario alla cottura, togliete il coperchio, prendete la carne carbonizzata e buttatela. No, scherzo, concentratevi un secondo: togliete la carne dalla pentola, lasciandovi quel bel sughetto leggero che si sarà formato durante la cottura, leggero come voi quando il vostro partner non vi manda un messaggio della buonanotte soddisfacente e la mattina dopo gli fate 30 minuti di cazziatone. Se il sughetto è troppo liquido, fatelo restringere a fuoco alto senza coperchio;

7. tagliate la carne a pezzettoni, senza scottarvi, fatela intiepidire leggermente e frullatela per bene con il mascarpone, un po' del sughetto leggero già filtrato e il parmigiano. Assaggiate e, se necessario, aggiungete ancora un po' di sale e pepe;

8. trasferite il composto in un contenitore, coprite e fate riposare in frigo per almeno un paio d'ore, in modo che si rassodi e si insaporisca bene.

Dite che, nell'arco delle 3 ore in cui la carne deve cuocere, ce la potete fare a preparare il brodo primordiale, incapacy avventurieri? Io dico di sì, animo!

Mi piacerebbe farvi fare un bel brodo di carne, corposo, saporito e confortevole, però mi piacerebbe anche svegliarmi una mattina ed essere Beyoncé: alcune cose non accadono e a volte, incapacy, ripiegare su una scelta più fattibile e alla vostra portata conduce verso un risultato migliore. Non dico che dobbiate essere del tutto disfattisti, infatti nell'apposita DaD (vedi pagg. 160-162) vi ho fornito le mie indicazioni su come prepararlo, in un picco d'altruismo di cui mi sto già pentendo, ma dico solo che la mia preoccupazione ha sempre un solo fondamento: io penso alle cose fatte bene, non a quelle che fate voi, tipo mettere un pezzo di carne qualsiasi in acqua fredda a bollire col sale e il dado di carne, perché certo che così è facile. E questa è una storia vera, ve lo assicuro.

Quindi, torniamo al nostro **brodo vegetale**, i cui ingredienti imprescindibili sono sedano, carota e cipolla, ma io ho aggiunto anche pomodoro, zucchine e patata, perché secondo me si insaporisce meglio e perché con le verdure che rimangono, una volta pronto il brodo, preparo degli hamburger vegetali da cuocere in forno. Poi magari ve lo racconterò, o forse no.

Procediamo, che è già tardi:

1. mondate tutte le verdure, ma se non sapete cosa significa "mondare" aprite prima un dizionario;
2. dividete in quattro parti il sedano, le carote e il pomodoro, la cipolla in due;
3. sbucciate la patata e tagliate a pezzettoni le zucchine;
4. versate i 2 litri di acqua fredda in una pentola e poi aggiungete tutte le verdure;
5. dopo un po' unite gli aromi e fate bollire le verdure per circa 2 ore, prima a fuoco vivo e poi a fuoco minimo;
6. salate l'acqua: io il sale lo aggiungo sempre per ultimo, ma voi fate come vi pare, non cambia niente. Se non sapete perché, la risposta la trovate a pag. 160.

Ancora non lo sentite il rumore dell'impatto del *Titanic* contro l'iceberg, vero? Sentite il naufragio? Ancora no, ne sono sicura, quindi andiamo avanti con la pasta all'uovo, non sarete mica stanchi? Dai, che i vostri ospiti arrivano fra 13 minuti:

1. vi direi di fare la classica fontana di farina sul piano di lavoro ma, visto che l'iceberg si avvicina, preferisco dirvi di fare come per le prove di salvataggio dei sommozzatori: loro si allenano in piscina, voi prendete una ciotola, così vi allenate in una zona protetta;
2. versate la farina e la semola in una ciotola, per poi rompere le uova facendo attenzione a non sfragnare il guscio dentro;
3. con una forchetta iniziate a far assorbire le uova alla farina;
4. cominciate a impastare un po' nella ciotola e poi passate sul piano di lavoro e impastate energicamente, per quanto possano essere energiche le persone flemmatiche come voi;
5. una volta ottenuto un impasto non necessariamente liscissimo, ma omogeneo (l'importante è che abbia preso un po' di nerbo, non deve essere flaccido), fatelo riposare almeno 30 minuti ben avvolto nella pellicola.

Ecco ci siamo, siete davanti all'iceberg, siete ancora in tempo per fare dietrofront e ascoltare cosa vi vuole dire quel gambero nel mare nero in cui vi trovate.

Il passo del gambero: siete stanchi, vi tremano le mani, vi fa male la schiena, gli ospiti arrivano fra 3 minuti circa, vi manca la terra sotto ai piedi con tutta questa aria di mare, eh? Preparate la ritirata, chi ve lo fa fare di metterci 23 ore a chiudere tutti i cappellacci? Ce li avete due barattoli di ceci in scatola in dispensa? **TORNATE AL LIVELLO 1, A PAG. 61** e fate dei velocissimi **MALTAGLIATI**. Oppure prendete una rotella tagliapasta e, se siete ancora capaci di intendere e di volere, fate dei rettangoli da usare come **SFOGLIA PER LA LASAGNA DI PAG. 43**. E ora state guardando l'impasto che avete preparato per il ripieno? No drama, ci mettete due uova all'interno, altri due cucchiai di parmigiano, fate delle dolci palline avvolte nel pangrattato e le friggete come fossero **LE POLPETTE TONNO E FAGIOLI DI PAG. 54**. Il brodo, incapacy, lo potete sempre congelare nelle formine per il ghiaccio e ricordarvi che vi salverà quando avrete la febbre a 40 °C.

Che duri che siete, boriosi e incoscienti, volete portare comunque a termine questa ricetta. Allora passiamo alla formatura dei cappellacci, ricordandoci che la pasta non si deve seccare, altrimenti potreste avere difficoltà a chiuderli. Se quindi ci mettete 16 anni a svolgere ogni singolo passaggio, lavorate con piccole quantità e non fatevi venire la malaugurata idea di duplicare le dosi che vi ho indicato:

1. trascorsi i 30 minuti di riposo, stendete la pasta su un piano opportunamente cosparso di semola, partendo sempre dal centro dell'impasto, col matterello, e facendo attenzione a livellare tutto a circa 0,5 mm. Se non ci riuscite, compratevi la macchina per la pasta, ma cimentarsi nella sfoglia già con la macchina per la pasta è come voler imparare a nuotare in una piscina per bambini;

2. per formare i cappellacci, con una rotella tagliapasta liscia fate dei quadrati di circa 4 cm di lato e aiutandovi, se potete, con un sac à poche con una

bocchetta metallica liscia da 1 cm di diametro (vedi pag. 35) distribuite al centro di ogni quadrato un po' di ripieno;

3. unite due dei quattro angoli del quadrato, che brava che sono in geometria, e formate dei triangoli. Abbiate cura di chiuderli bene, appiattendo leggermente i bordi, ma soprattutto non commettete il gravissimo errore di non far uscire l'aria dai cappellacci: dovete accompagnarla fuori con le dita, altrimenti in cottura si gonfia e, se non spacca la pasta, rovina comunque i cappellacci rendendoli rugosi. E no, incapacy, non è finita qui: ora dovete prendere le due estremità del triangolo e unirle, tipo vostro padre quando vi aspettava la notte a braccia conserte, e premere leggermente sulla giuntura, per assicurarvi che in cottura un papà arrabbiato non si trasformi nel Cristo di Maratea, a braccia aperte.

Quando avete finito tutta 'sta tarantella, potete **cuocere i cappellacci**: bolliteli nel brodo vegetale, controllando sempre la sapidità. Quando vengono su sono cotti, serviteli caldi, spolverizzandoli con un po' di parmigiano.

Sto parlando da sola, vero?

Se ci siete riusciti sono contenta, se non ci siete riusciti sono ancora più contenta, perché vi rimarrà sempre impresso il concetto che perdere o ritirarsi, ripiegando su una preparazione più semplice, è un risultato migliore di non arrivare a destinazione.

Ciao incapacy dottorato, vi saluta tanto la Guardia Costiera della Cucina.

OGNUNO CON LA FARINA SUA CI FA GLI GNOCCHI CHE JE PARE

A Roma si dice così, ma questo è un detto che funziona solo in senso figurato: mai l'oggetto di un proverbio fu così errato, perché le farine non sono tutte uguali e non ci si può fare tutto. Certo, è chiaro che questo discorso lo si può affrontare solo quando ci si trova a livelli di incapacity leggermente più da dottorandi, perché prima di questo momento a me interessava solo che arrivaste vivi alla fine di ogni ricetta, lasciando i dettagli ai detective in corsia della cucina.

Anche perché affrontare l'argomento farina significa mettersi in un campo minato senza paragoni. E quindi sto tergiversando? Forse sì, ma comunque sono vere due cose:

- per quello che dovete fare voi, pure la 00 comprata al discount senza etichetta va bene quasi per tutto, perché il nostro scopo è imparare i procedimenti e non far sentire male il prossimo che abbiamo invitato a cena;
- ci sono delle categorie di preparazioni in cui è davvero importante distinguere la farina: una di queste è quella dei grandi lievitati, soprattutto il panettone, quell'apostrofo rosa fra le parole "non ci riuscirete m'ai a c'asa".

Certo è che se invitate a cena uno chef presso se stesso, potrebbe farvi qualche domanda o accorgersi di alcuni errorini dati dall'utilizzo erroneo della farina: chiamate me, ci parlo io.

Se avete paura di farmi parlare con i vostri antagonisti, vi darei delle linee guida che vi possono sempre essere utili in un quiz televisivo, perché in cucina secondo me non ve ne fregherà di meno.

Come distinguiamo la farina:

a) IN BASE AL TIPO DI GRANO:

- la farina di grano tenero, come il vostro povero cuore matto, è adatta a torte, biscotti, pasta, pizza, cornetti ecc. A sua volta può essere:
  - farina di grano tenero 00;*
  - farina di grano tenero 0;
  - farina di grano tenero tipo 1;
  - farina di grano tenero tipo 2;
  - farina integrale di grano tenero;
- la semola/farina di grano duro, come la vostra capacità di comprendonio, è adatta per la pasta e il pane, in pasticceria insomma. E si distingue** in:
  - semola;
  - semola rimacinata;
  - semolato;
  - farina di grano duro;
  - farina integra di grano duro.

> *I numeri che vedete accanto alla farina si riferiscono al suo grado di abburattamento, in poche parole indicano quanto è stata lavorata per eliminare la crusca: la più abburattata è la 00, mentre le farine con la percentuale più alta di crusca sono integrali.

> **Anche qui è una questione di abburattamento, oltre che di granulometria: la semola, ad esempio, è a spigolo vivo, a differenza della farina. Ma preferisco non aggiungere altro.

b) COSA CI VOGLIONO DIRE QUELLE LETTERE ALIENE CHE LEGGIAMO SUI MANUALI?

- P: è il valore che indica la tenacia della farina, ossia la pressione necessaria alla deformazione di un impasto. A seconda del P, serve più o meno acqua all'impasto per avere una consistenza decente.
- L: è il valore che identifica l'estensibilità dell'impasto prima che si rompa, e che quindi permette di individuare le farine adatte a ottenere un impasto con una buona struttura e un buon sviluppo.
- P/L: troppo difficile per voi, perdonatemi, ne parliamo a voce, vi basti sapere che il rapporto tra questi due valori determina l'unica cosa che vi interessa: la W.
- W: è la forza della farina, che è legata al contenuto di proteine, in particolare gliadine e glutenine, e alla qualità della maglia glutinica nell'impasto (tra poco vi spiego tutto). Più il valore di W è alto, più glutine svilupperà la farina e più acqua dovrete utilizzare per impastare.

Come possono essere queste W del demonio:

- farina debole, W 90/180: la usiamo quando l'impasto non deve essere sottoposto a lievitazione e non deve aumentare di volume;
- farina di media forza, W 180/240: è molto usata in pasticceria e per certi pani più semplici, come i panini all'olio, ma a casa è perfetta pure per preparare la pastella per friggere e alcuni tipi di pasta fresca;
- farina di forza medio-alta, W 250/320: adatta a lievitati come pizza, pane e focacce;
- farina forte, W 320/380: serve per i grandi lievitati, come il panettone, ma anche per i babà, giusto per darvi altre idee con cui incasinarvi la vita;
- farina Manitoba, W>350: anch'essa per i grandi lievitati.

Sì, ma io questa W non la trovo sul pacco. Certo, c'è solo su alcune farine illuminate.

Però su tutti i pacchi è riportata la percentuale di proteine presenti nella farina. I due valori non coincidono, ma – come sempre – cerchiamo di barcamenarci in questo mare di disperazione:

- una farina con 8-9% di proteine consideratela alla stregua di una debole, quindi vai con i biscotti, la crostata e le scaloppine;
- una con 10-11% di proteine usatela come usereste una farina di media forza;
- una con il 13-14% di proteine interscambiatela pure con farine di forza medio-alta;
- una con il 14,5% di proteine e oltre potete considerarla una farina forte.

La maglia glutinica: lo psicofarmaco naturale dei lievitati.

Quante volte avete sentito nominare questa maglia glutinica? Quante volte l'ho invocata nella mia vita come se fosse una divinità? Voi invece non sapete nemmeno che cos'è, ve la spiego solo per farvi capire in cosa credo e qual è la mia religione.

La maglia glutinica è un reticolo proteico che si forma dopo che due categorie di proteine presenti nella farina (gliadine e glutenine) e l'acqua si incontrano e vengono sottoposte a un'azione meccanica di lavorazione.

In cottura il lievito, ve lo ridico sinteticamente perché già ne abbiamo parlato, genera dei gas, come l'anidride carbonica, che tentano di uscire dal prodotto. Se la maglia glutinica è stata opportunamente formata, li trattiene e si espande insieme a loro, assecondando il loro tentativo di fuga. In questo modo si crea anche la struttura del lievitato, quella che lo sostiene e non lo fa collassare come me, mentre tento di terminare questo libro in piena estate. Vi siete convinti che sia lo psicofarmaco dei lievitati?

Fatti random:

- quando vi dico che nella frolla dovete tenere separati i liquidi (le uova) dal burro, vi sto dicendo indirettamente di scongiurare la creazione della maglia glutinica, amica dell'elasticità e della morbidezza, e voi ormai sapete come deve essere la frolla: croccante e friabile, ripetiamo insieme, croccante e friabile;
- per capire se si è formata questa maglia glutinica, prendete un pezzo di impasto e allargatelo delicatamente: deve uscirne una membrana trasparente, quella è la maglia glutinica. No, non si capisce a sentimento, controllatela sempre.

ADESSO SIETE PRONTI PER CONTINUARE A SBAGLIARE TUTTO.

DAD N. 3
LA PASTA SFOGLIA

Lo sapevate che la pasta sfoglia non la porta la cicogna al supermercato, già pronta in comodi rotoli?
Si può anche fare, incredibile.

Cosa è?

Nella forma più classica e basica, quella che serve a voi, è un impasto composto da due elementi, stratificati tra loro attraverso le pieghe:

- **pastello**: un mix di farina, acqua e sale;
- **panetto**: a base di burro o di burro e farina.

Come si fa?

- **Pastello**: si prepara un semplice impasto a base di farina, acqua e sale, meglio a mano così vi impratichite un po', che male non vi fa. In alternativa, usate la planetaria munita di foglia, dove al posto delle vostre mani sacre interviene la tecnologia. L'impasto deve poi riposare in frigorifero, ben avvolto nella pellicola, prima dell'utilizzo. Io consiglio sempre 12-13 ore, ma potete arrivare fino a 24. Questa, incapacy cocoriti, è la teoria: nella pratica e per gli impasti di piccole dimensioni, potete anche lavorare molto velocemente il pastello, lasciandolo non perfettamente liscio, e farlo riposare a temperatura ambiente avvolto nella pellicola per 30 minuti. Comunque, se per qualche oscura ragione superate le 24 ore di riposo in frigo, impastatelo di nuovo e lasciatelo riposare ulteriormente, almeno per un'ora, sempre in frigo.

- **Panetto**: si ammorbidisce leggermente il burro e, se si usa anche la farina, lo si mischia a quest'ultima. Gli si dà poi una forma quadrata, a un'altezza di circa 7 mm: il panetto va messo tra due fogli di carta forno e lavorato con il matterello, dopodiché deve riposare in frigorifero per almeno 30 minuti (come vedremo nella ricetta dei cornetti, all'occorrenza potreste anche lasciarlo per più tempo in frigo).

Una ricetta che ti insegna a incassare gli schiaffi e il panetto nel pastello.

I due componenti devono venire a contatto in qualche modo, quindi iniziate così:

1. date al pastello, preso direttamente dal frigo, una forma rettangolare che sia il doppio del panetto;

2. su una metà del pastello adagiate il panetto e chiudete a libro, quello che farete adesso con il mio di libro. Dai, concentratevi per un secondo;

3. sigillate bene i bordi e, senza essere materiali e rozzi, ridate una forma rettangolare a questo fagottone con il matterello. Avete appena incassato il panetto nel pastello.

Come dare le pieghe, che sicuramente saranno migliori di quelle che state prendendo nella vostra vita.

Dopo questi tre passaggi, svolti velocemente, vi prego, è il momento delle pieghe:

1. fate una prima piega a 3: adagiate l'impasto sul piano di lavoro, con il suo lato più lungo parallelo a voi, sollevate uno dei due lati più corti, quindi uno di quelli a voi perpendicolari, e ripiegatelo fino al centro del rettangolo. Sollevate ora l'altro lato più corto e ripiegatelo fino all'estremità opposta del rettangolo;

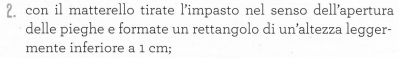

2. con il matterello tirate l'impasto nel senso dell'apertura delle pieghe e formate un rettangolo di un'altezza leggermente inferiore a 1 cm;

3. piegate nuovamente l'impasto, ma questa volta con una piega a 4: ruotate il rettangolo di 90°, in modo da avere di nuovo il lato più lungo parallelo a voi. Sollevate poi uno dei due lati più corti e ripiegatelo fino a metà del lato più lungo. A que-

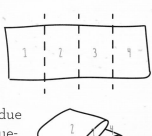

sto punto sollevate l'altro lato corto, ripiegatelo fino al centro del lato lungo e ripiegatelo un'ultima volta, in modo che si sovrapponga all'altra metà già piegata;

4. adesso state fermi con quel matterello, prendete la pellicola, avvolgete perfettamente l'impasto e mettetelo a riposare in frigo, tassativamente per 40 minuti;

5. passato questo arco di tempo, riprendete la vostra pasta sfoglia e, sempre nel senso dell'apertura delle pieghe, tirate l'impasto con il matterello, con movimenti decisi ma delicati, a un'altezza di circa 0,5 cm;

6. procedete con un'altra piega a 3;

7. se siete stati abbastanza veloci e non avete fatto scaldare troppo la sfoglia con quell'ansia che trasudate da tutti i pori, potete stendere subito l'impasto, sempre lavorando con il matterello nel senso dell'apertura delle pieghe fino a raggiungere un'altezza inferiore a 0,5 cm, e dare direttamente l'ultima piega a 4. Altrimenti fatelo riposare ancora per 40 minuti in frigo avvolto nella pellicola e date poi l'ultima piega a 4. Dopo quest'ultima, vale lo stesso principio: se l'avete data velocemente, potete lavorare subito, se invece vi siete addormentati sull'impasto rimettetelo in frigo per una mezz'ora;

8. stendete l'impasto all'altezza desiderata, per lavorarlo finalmente. Chissà se sto parlando da sola, forse sì.

A cosa devo stare attento? Un libro non basta, parliamo solo della sfoglia:

- la temperatura: fra il pastello e il panetto ci devono essere circa 4 °C di differenza, quindi se il panetto ha una temperatura di 6-7 °C quella del pastello deve essere di circa 10-11 °C, che è l'ideale per lavorare bene quando si danno le pieghe;

- le consistenze: panetto e pastello devono avere, mentre li lavorate col matterello, più o meno la stessa consistenza. Il burro deve essere plastico nel momento in cui lo incassate nel pastello, quindi si deve piegare senza rompersi, come quando ve la sentivate guerrier* alle medie. In linea di massima non deve essere freddo di frigo, perché vi potrebbe bucare il pastello. Allora poi da chi andate a piagne quando sarà tutto perduto? Sempre da me, ma io di nuovo non ci sarò. Altro inconveniente è che il burro, se troppo freddo, diventi tipo maculato durante la lavorazione: di conseguenza si creerebbe un impasto irregolare, a bozzi, in alcuni punti ricco di burro e in altri completamente sprovvisto. Allo stesso tempo il burro non deve essere troppo caldo, perché altrimenti non si stratifica correttamente: si concentra ai bordi dell'impasto e niente, lacrime assicurate. Invece, se il pastello è troppo caldo, potrebbe espandersi eccessivamente quando lo stendete, lasciando delle aree prive di burro, e allora state a fa' un'altra ricetta;

- il riposo: fa bene alla sfoglia e fa bene a tutti. Mi rendo conto che un po' siete lenti, anche se siete incapacy dottorato, un po' potrebbe non essere sempre la stagione della sfoglia, un po' è normale che con il movimento del matterello l'impasto si scaldi. Il riposino di 30-40 minuti in frigo fra una piega e l'altra, dunque, io lo consiglio sempre, per voi pure un caffè;

- la farina: deve essere di media forza, nel senso che – come vi ho già spiegato nella DaD sulla farina – deve essere in grado, in fase di lavorazione, di sviluppare un minimo di maglia glutinica, per potersi estendere in cottura. Quindi state boni con quella Manitoba (e con tutte le farine che sviluppano un glutine molto forte), perché qui non c'è nessuna lievitazione lunga da sopportare e perché, se avesse una maglia glutinica così forte, l'impasto si ritrarrebbe troppo.

Come ha fatto a crescere? Se siamo cresciuti noi millennial, ce la possono fare tutti, anche la sfoglia.

Alla base c'è l'ormai notissima lievitazione fisica (che vi ho gentilmente spiegato a pag. 113), ma se non fosse notissima e voi foste comunque sempre gli stessi pigri di pag. 3, ve la ripeto al volo:

- il panetto ha la componente grassa;
- il pastello la componente acquosa;
- cosa succede in cottura all'acqua? Evapora e cerca di uscire, ma chi incontra? La componente grassa, quindi idrorepellente. E che cosa dice la componente grassa all'acqua? Le dice: "non penso che uscirai", ma il vapore acqueo, comunque ostinato, continua a spingere verso l'alto e fa sollevare gli strati di impasto che poi andrete, forse, a trovare nella vostra pasta sfoglia. Fine.

La sfoglia lampo: come si fa?

È un'alternativa possibile, ma che non vi pensate richieda meno accuratezza e precisione. Di certo, richiede abbastanza forza nelle braccia e un rispetto insindacabile dei tempi di riposo in frigo.

Si procede così:

1. si forma un pastello, sempre con acqua, farina e sale;

2. il burro non si incassa in modo tradizionale: va tagliato a cubetti, che devono essere freddissimi di frigo e vanno inseriti all'interno del pastello;

3. probabilmente perderete le speranze e avrete paura, ma se dopo aver inserito i cubetti nell'impasto lo mettete a riposare in frigo avvolto nella pellicola, dopo un'ora gli date velocemente due pieghe a 4 consecutive, poi lo riavvolgete bene nella pellicola, lo fate riposare un'altra ora in frigo e infine gli date le ultime due pieghe a 4 consecutive, dovreste riuscirci anche voi;

4. infine si stende la sfoglia lampo. Come sempre, fateci quello che volete.

Lo so che un giorno vorrete fare gli speciali e preparare la sfoglia aromatizzata.

Solitamente si aromatizza solo il panetto, ma se volete un colore più intenso e deciso potete aromatizzare, in 24 comodi anni di lavoro, anche il pastello:

- al cacao: si può unire direttamente al burro e vedrete che, dopo un momento di grande sconforto in cui vi sembrerà un impasto che si è sentito male, alla fine sarà di un colore marrone omogeneo e molto liscio. A un panetto di 250 g dovreste aggiungere circa 40 g di cacao in polvere. Potreste anche impastare il pastello con il cacao, ma chi ve lo fa fare, se mi sto prendendo io la responsabilità di non farvelo fare;

- al pistacchio o alla nocciola: dovete usare una pasta di pistacchio o di nocciola, non i granelli che vi spaccano tutto, grazie. Anche qui, dopo un momento molto maculato in cui temerete di dover scaraventare tutto a terra e piangere, le cose andranno meglio verso l'ultima piega. E, anche qui, la quantità è circa 40 g di pasta di frutta secca, da aggiungere a un panetto di 250 g. Se volete aromatizzare pure il pastello, dovete farlo sempre con pasta di pistacchio o di nocciola pura. Io di solito non lo faccio, perché trovo sufficiente aromatizzare il burro, per voi come sempre vale il detto: "chi è causa del suo mal pianga se stesso";

cacio e pepe: la sfoglia è un impasto neutro, quindi potete utilizzarla sia per quei millefoglie mosci che fate sia per fare ad esempio dei cornetti salati sfogliati, aromatizzati con pecorino e pepe. Dovete sempre agire sul panetto: su 250 g di burro, toglietene 30 g e aggiungete 100 g di pecorino, oltre al pepe in quantità a vostro gusto.

E la cottura?

Col forno di casa vostra e con i vostri strumenti, consiglio sempre la modalità statico. Anche se i big a volte indicano il ventilato, voi per favore state dalla mia parte, perché io vi conosco, lo so quello che potete fare o meno. Il forno impostatelo a 180-190 °C, sulla valvola ormai dovreste sapere già tutto, ma non mi fido: valvola chiusa nella prima fase della cottura e aperta nella seconda, in modo da far stabilizzare il prodotto (comunque, se avete già fatto tabula rasa, andate a ripassare la DaD sul forno, vedi pagg. 110-113).

Prima di cuocere la sfoglia, bucherellatela sempre, per assicurarvi uno sviluppo omogeneo, e se è una preparazione dolce cospargetela di zucchero semolato o di zucchero a velo, in modo che si crei un'ulteriore barriera per il vapore acqueo e risulti bella dolce come voi e lucida come me.

SACCOTTINI DI SFOGLIA CON MELA, CANNELLA E PINOLI

La situazione della pasta sfoglia

Allora, incapacy, spero voi siate qui dopo aver seguito un percorso graduale e non perché vi è venuta voglia di sfidarmi passando direttamente al terzo livello. Vi ricordo che a Parigi diciamo: "più vai in alto, più er botto se sente quando caschi". Se pensate di piombare qui incoscienti e frizzantini, vi assicuro che invece cadrete in un tunnel lunghissimo, tipo quello di Alice nel Paese delle Meraviglie, e che ne uscirete a pezzi. Accomodatevi, vi stavo proprio aspettando.

Se rinasco, voglio rinascere pasta sfoglia fatta in casa, una preparazione che ha tutti i poteri e tutta la discrezione possibile. Se la preparate in casa, bene si intende, diventa una cosa irrinunciabile, se la comprate va bene uguale perché il 90% delle persone è abituato solo al sapore di quella comprata. Quindi è quella cosa che se c'è sono tutti contenti, ma se non c'è non se ne accorge quasi nessuno e lei, che vorrei essere io, non sente alcuna pressione sociale di presenziare alle cene, ai pranzi e agli eventi. Che bello, che vita speciale, senza pressione addosso, neanche quella del cuore.

Non vi voglio mentire, fare la sfoglia a mano, in casa e col matterello, è uno sbattimento che la metà basta, ma se, arrivati a questo capitolo, godo di un minimo di credibilità nei vostri confronti, davvero ne vale la pena. Soprattutto per il grande insegnamento che ci dà la pasta sfoglia: semplificarsi al massimo la vita potrebbe risultare un problema in tutte quelle situazioni in cui non si ha la libera scelta di complicare o semplificare la faccenda, perché le cose succedono e basta. Che intendo? Forse sto per dire una grande banalità, spero di riuscire a non ricordarvi certe pagine del vostro diario delle medie, quello in cui scrivevate: "*uat doesnt killss you, makes you strong*" ("*what doesn't kill you, makes you stronger*": ciò che non uccide, fortifica).

In soldoni, lo sforzo immane che fate per semplificarvi al massimo la vita potrebbe negarvi l'accesso a una serie di strumenti, che vi serviranno quando le cose si complicheranno senza che le complichiate voi. Perciò secondo me è importante che vi mettiate a fare questa maledetta pasta sfoglia, perché vi insegna ad approcciarvi al malessere, a starci dentro senza morirne. Una lezione utile per tutte le volte in cui sarete davvero infognati, ma non in cucina, e allora vi ricorderete che siete sopravvissuti, che non c'è bisogno di affannarsi per uscire da questi doloretti, che ci potete pure convivere per un periodo, perché ormai lo sapete fare e li conoscete. Di certo, allenarsi ad accettare il dolore è leggermente più difficile che allenarsi a stare bene a tutti i costi.

Se poi aggiungete che il risultato di questa complicazione in cui avete deciso di infilarvi, ovvero la pasta sfoglia, è così magico e soddisfacente, capirete intuitivamente che lo sforzo e il malessere non portano necessariamente ad altro malessere, ma a questi saccottini.

COSA VI SERVE:

per arrivare a imprecare una giornata intera dietro a 6 saccottini ripieni, di circa 8 cm di diametro

Per la pasta sfoglia:
Per il pastello:
- 110 g di farina 00
- 60 g d'acqua
- 4 g di sale

Per il panetto:
- 150 g di burro
- 50 g di farina 00

Per il ripieno:
- 2 mele
- una noce di burro
- 2-3 cucchiai di zucchero di canna
- 2 cucchiaini di cannella in polvere
- pinoli, in quantità a vostro gusto, o anche a vostro portafoglio, visto che non avevamo capito che stavamo comprando scaglie d'oro
- 6 cucchiaini di confettura di albicocche

- zucchero a velo, per la cottura

PROCEDIMENTO:

Per la **preparazione della pasta sfoglia**, incapacy miei impelagati, i passaggi sono sempre gli stessi, quelli che trovate nella DaD che le ho dedicato (vedi pagg. 178-183). Ma dato che di voi non mi fido – e ormai dovreste averlo capito – ve li riassumo brevemente: realizzate il pastello e il panetto, senza dimenticare che il pastello deve riposare in frigo per almeno 12 ore. Poi incassate il panetto nel pastello e date le pieghe, due a 3 e due a 4 alternate. Certo, se la DaD non l'avete letta sto parlando in aramaico, quindi tornate indietro e studiate.

Potete preparare anche la sfoglia lampo, ma ricordatevi sempre il discorso che vi ho fatto a proposito dei gyoza: a volte, pensando di scampare a una difficoltà, vi andate a tuffare di testa in un casino ancora più grande, soprattutto se non avete molta forza nelle braccia, quella necessaria per spianare tocchi di burro gelato.

Se siete arrivati fino all'ultima piega, di certo non stavate aspettando le mele per farvi mandare all'aria mezza giornata, a voler essere ottimisti, di lavoro. Quindi, per **preparare il ripieno** fate così:

1. sbucciate le mele e riducetele a cubetti, cercate di non scegliere quelle verdi e acerbe come voi, che tirano fuori l'ira di Dio d'acqua;
2. prendete la noce di burro, scaldatela in padella e fateci appassire le mele assieme a zucchero, cannella e pinoli;
3. quando avranno cambiato colore e si saranno scurite, dopo circa 3 minuti, significa che sono pronte. Per cosa? Per raffreddarsi, non mi fate vedere che mettete le mele bollenti su mezza giornata di "piega a 3 e poi piega a 4, oddio l'ho fatta la piega a 4?";
4. spostate le mele in una ciotola fredda e mettetele da parte, non vi scaldate le mani, non le poggiate sul piano dove a breve andrete a stendere la sfoglia, perché se lo fate vi devo chiamare illogici e anche problematicy, dato che si scioglierebbe tutto.

Quando le mele si saranno raffreddate, potrete **comporre e infine cuocere i saccottini**:

1. riprendete la sfoglia dal frigo e stendetela a un'altezza di 1 mm;
2. con i rebbi di una forchetta, bucherellatela bene: lo so che vi sembra un controsenso, avete passato ore a stratificare, la menata sulla lievitazione fisica e poi? La buchiamo? Sì, il perché ve l'ho già spiegato sempre nella DaD (vedi pagg. 178-183) e sono stanca di ripetermi;
3. preparate sei stampi monoporzione in silicone, tipo da muffin, e non imburrateli che di burro già ne abbiamo da vendere;
4. adesso, con un coppapasta che abbia il diametro di almeno 3 cm in più ri-

spetto a quello degli stampi, tagliate sei dolci cerchietti e adagiateli negli stampi;

5. inserite al loro interno un cucchiaino di confettura, due cucchiaini di ripieno alle mele, altra cannella e altri pinoli, se volete e se siete incapacy dalle mani bucate;

6. con un coppapasta dal diametro uguale a quello degli stampi, tagliate altri sei dolci cerchietti e usateli per rivestire il ripieno;

7. visto che questo ripieno diventerà una colata lavica ingestibile, lo so che non è esteticamente molto bello, sigillate i bordi dei saccottini con i rebbi di una forchetta, o se avete altri metodi più moderni procedete con questi ultimi;

8. dopo aver riempito e sigillato tutti i saccottini, mettete lo stampo in frigorifero, coperto con la pellicola, e lasciate riposare per 30 minuti;

9. una volta posizionati i saccottini in frigorifero, aspettate 15 minuti e poi preriscaldate il forno statico (vedi pagg. 110-113) a 190 °C;

10. trascorsa la mezz'ora, riprendete dal frigorifero lo stampo con i saccottini e incidete la superficie con un coltello, possibilmente affilato, facendo un asterisco: in questo modo non vi dovrebbe esplodere il ripieno, ma un po' vi esploderà sempre. Cospargeteli con abbondante zucchero a velo;

11. cuoceteli per circa 20-25 minuti.

Una volta cotti, incapacy, gentilmente evitate di dover correre al centro grandi ustionati: aspettate almeno una mezz'ora prima di mangiarli, ma anche prima di sformarli dallo stampo. Poi, come sempre, decidete voi, eh.

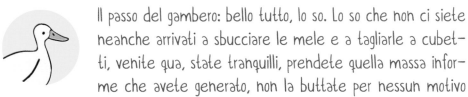

Il passo del gambero: bello tutto, lo so. Lo so che non ci siete neanche arrivati a sbucciare le mele e a tagliarle a cubetti, venite qua, state tranquilli, prendete quella massa informe che avete generato, non la buttate per nessun motivo al mondo. Prendete circa 4 cucchiaini di acqua gelata o di panna freddissima, di frigorifero, e trasferite il tutto nella planetaria munita di foglia. Lavorate a velocità sostenuta e, se necessario, versate qualche cucchiaio di farina per far riprendere l'impasto: sapete cosa avete appena ottenuto? Un'ottima pasta brisée, di ripiego ma più che dignitosa: prima di usarla, ad esempio nella ricetta della **TORTA RUSTICA A PAG. 115**, fatela riposare almeno una mezz'oretta in frigo avvolta nella pellicola.

Allora, a tutti quelli che mi sono venuti a sfidare, chiedo perché non hanno letto con più attenzione questo libro e non si sono ripetuti il nostro caro mantra: "mejo il primo in provincia che il secondo a Roma". Vietato piangere. Oddio, forse un po' qui potete farlo.

CORNETTI

Odi et amo

Come vi ho già raccontato, per qualche anno nella mia vita ho vissuto in Brianza e, quando tornavo a Roma, le persone che incontravo nel mio quartiere mi dicevano: "oh Sofi ciao, papà tuo mi ha detto che stai su a fa' i cornetti". Io rispondevo: "ah sì, non proprio, tutto bene?", piccata nell'orgoglio: dopo mesi e mesi di studio in CAST Alimenti forse mi sentivo il maestro Gino Fabbri, mi sa che mi sbagliavo.

Mio padre non aveva capito, come non capisce ancora oggi, che lavoro facessi.

Ma, ripensandoci meglio, probabilmente ero io a non capire che lavoro facessi. **Era vero, facevo i cornetti e la mia vita ruotava tutta intorno a loro.** Mi svegliavo alle 4.10 di mattina, mi trascinavo a quattro zampe in bagno, mi lavavo approssimativamente, mi legavo i capelli, prendevo la divisa, mi mettevo qualcosa addosso e uscivo di casa alle 4.30.

Uscire di casa alle 4.30 in Brianza significa stare per la maggior parte dell'inverno a −5 °C, con una specie di vapore acqueo nell'aria che a Roma non esiste. Roma quanto ti amo, sono contenta che tu mi abbia accolta di nuovo. Dicevo, alle 4.50 dovevo essere già cambiata in laboratorio, ma prima salutavo i miei amici del locale di kebab mentre servivano ragazzi appena usciti dalla discoteca, che per non tornare a casa ubriachi si mangiavano kebab e patatine, sui tacchi o in giacca e cravatta. Comunque entravo in laboratorio, sistemavo le teglie sul bancone, iniziavo a spennellare, cuocere, farcire, spennellare, cuocere, farcire, tutto questo fino alle ore 8 circa. A volte, appena arrivata in laboratorio, non solo spennellavo, cuocevo e farcivo, ma salivo anche in bicicletta con un enorme vassoio incastrato nel manubrio, indovinate in compagnia di chi? Dei miei amici cornetti, alla crema, alla marmellata, al cioccolato, integrali al miele, integrali ai frutti di bosco, con uvetta e pinoli, oltre ai saccottini al cioccolato. Mi occupavo del giro delle consegne ai bar e, sderenata, tornavo in laboratorio. Facevamo colazione tutti insieme, con uno speciale cornetto, io sempre alla crema, dicevamo due parole e riprendevamo a lavorare.

Il mio primo compito consisteva – indovinate? – nel dedicarmi alle pesate degli ingredienti per i cornetti. Poi impastavo, mettevo l'impasto a lievitare, incassavo il burro nel pastello realizzato il giorno prima, davo le pieghe, attendevo i tempi di riposo preparando nel frattempo le varie creme, marmellate, confetture ecc. Quando arrivava il momento, formavo i cornetti, i saccottini, i kranz, le trecce, i fagottini, a volte assieme agli stagisti o anche da sola, stagista presso me stessa, li abbattevo, li etichettavo, mettevo quelli fatti più recentemente nei ripiani più alti del freezer. E poi? Controllavo se in magazzino mancasse qualche ingrediente per fare questi maledetti cornetti e ricominciavo da capo. Facevo anche altro, certo, ma sempre pensando a loro, la mia maledizione, i cornetti. A fine giornata, a volte in serata, li sistemavo in teglia per l'ultima lievitazione, li contavo e me ne andavo. D'estate, con il caldo, che fai? Verso le 20.30 non esci di casa per tornare in laboratorio e andare a mettere i cornetti a lievitare? Ogni tanto è capitato e lo facevo sempre con grande piacere, perché erano i miei figli e io, madre coraggio, non lasciavo mai che percepissero quanto ero stanca. Una cosa che invece non mi faceva molto piacere era tornare a casa e sentire l'odore dei cornetti che impregnava tutto il mio corpo, pure i vestiti che erano nello spogliatoio, li sentivo ovunque, stavo diventando pazza.

Capirete bene perché io i cornetti li odio con tutta me stessa.

Lavorare in una pasticceria, però, ti dà una visione completamente distorta del mondo: non dico solo che ti rende uno zombie e che nei giorni in cui sei libero tu non è mai libero nessuno, a meno che tu non abbia un'amica parrucchiera, che ho cercato invano per tutti gli anni in cui ho vissuto in Brianza. **Dico proprio che, una volta che hai mangiato i cornetti appena usciti dal forno alle 6 di mattina, niente è più paragonabile.** Tantomeno i cornetti preparati con la margarina. E voi direte: "che ne sai? Come si capisce?".

> Si capisce perché i cornetti sfogliati con la margarina si incollano al palato, dato che la margarina ha un punto di fusione di circa 47-50 °C. Essendo, invece, la nostra temperatura corporea di circa 37 °C, che accade? Che in bocca non raggiungiamo la temperatura idonea a fonderla. In caso contrario, avete la famosa febbre a 47 °C. Il burro, a differenza della margarina, ha una temperatura di fusione tra i 30 °C e i 33 °C: quindi, se non state per morire causa assideramento, i cornetti a base di burro si sciolgono perfettamente in bocca.
>
> L'utilizzo della margarina lo giustifico nei posti più caldi, in cui vi vorrei vedere a sfogliare i cornetti con 40 °C all'ombra.

Sono riuscita a rifare i cornetti ad aprile 2020, dopo più di 2 anni che non mettevo piede in un laboratorio, in piena quarantena, quando i bar erano tutti chiusi e io non sapevo più cosa inventarmi. Allora, quasi in automatico, ho iniziato a fare le pesate – è come andare in bicicletta, non lo si scorda mai – e, quando ho guardato tutti gli ingredienti, ho avuto la mia prima allucinazione uditiva, credo. Sono partiti Simon & Garfunkel: *"hello darkness my old frieeend"*. Certo, lavorare su 20 kg di impasto è diverso da lavorarne 1,5 kg, ma il brivido è lo stesso.

COSA VI SERVE:
per questa grave epifania, per 15 cornetti

Per il preimpasto:
- 90 g di farina forte[1]
- 4 g di lievito di birra compresso
- 100 ml d'acqua

Per l'impasto:
- 130 g di uova
- 130 ml d'acqua
- 90 g di zucchero semolato
- 5 g di lievito di birra compresso
- 410 g di farina forte[1]
- 100 g di burro morbido
- i semi di una bacca di vaniglia
- scorza grattugiata di un'arancia
- 10 g di sale

Per sfogliare:
- 250 g di burro che, prima di iniziare qualsiasi passaggio di questa ricetta, va lasciato fuori dal frigorifero per 4–5 ore, poi vi spiego

PROCEDIMENTO:

La giornata è lunga, cocoriti incapacy. Partiamo dall'**impasto**:

1. prima di tutto mescolate i tre ingredienti per il preimpasto e poi lavorate il composto, nella planetaria munita di gancio, per circa 1 minuto e mezzo;

2. mettetelo a lievitare nel forno spento, in una ciotola coperta con la pellicola. Deve raddoppiare di volume, impiegherà circa un'ora;

3. sempre nella planetaria con gancio fate girare le uova, l'acqua, lo zucchero e

---

1 Farina forte, maglia glutinica: vi torna in mente qualcosa? Dai, incapacy, in questo caso non ve la cavate se non avete prima imparato a ripetere la DaD sulla farina in endecasillabi sciolti.

il lievito. Quando è tutto ben amalgamato, aggiungete i 410 g di farina e fate girare fino al completo assorbimento;

4. prendete il preimpasto, sperando che abbiate fatto tutto bene, e unitelo al composto in planetaria senza smettere di impastare. Fate girare per circa 5-7 minuti a velocità medio-alta: si deve formare la maglia glutinica (vedi nota a pag. 192);

5. tagliate a tocchetti il burro morbido, che avrete già mescolato con gli aromi, e inseritelo in due volte nella planetaria, aspettando sempre che la prima metà venga assorbita dall'impasto prima di inserire la successiva. Non fate girare eccessivamente, tanto siete comunque così lenti che l'impasto si sarà scaldato troppo e il burro già lo avrà rigurgitato, cosa che non dovrebbe accadere MAI, perché se accade è tutto finito;

6. comunque, adesso aggiungete il sale, concentratevi e fate girare, poco.

Complimenti, incapacy, l'impasto è pronto: ora fatelo **puntare** sul tavolo circa 20 minuti, il che significa che dovete lasciarlo riposare finché non notate che un po' si inizia a gonfiare, cosa che, a meno che non viviate a Oslo con la finestra spalancata e con la neve fuori, dovrebbe accadere in breve tempo. Passato questo arco di tempo, prendete il vostro benedetto impasto e su una teglia, ovviamente che entri nel vostro frigo, appiattitelo molto bene, copritelo con la pellicola e schiaffatelo **in frigo per almeno 18 ore**: deve arrivare alla temperatura interna di 4 °C per essere degno di essere lavorato.

Prima di fare qualsiasi altra cosa, gentilmente, preparate il **panetto**: stendete i 250 g di burro, che ormai sarà morbido, fra due fogli di carta forno, usando il matterello; dategli una forma quadrata, più o meno di 20×20 cm e di circa 5-6 mm di spessore. Mettetelo in frigo, sempre nella carta forno, a solidificarsi nuovamente, per almeno un paio d'ore.

Buongiorno incapacy mattutini, pensavate di poter mangiare subito un cornetto? Siete pazzi?

Dovete prima dargli le pieghe. Non vi va, lo so, a chi andrebbe del resto? Già vi sento pensare che il gioco non vale la candela. Se dopo aver preso il caffè siete rimasti ancora di questa idea, vi consiglio di ripiegare su dei meravigliosi pseudomaritozzi o veneziane: ve le spiego solo a fine ricetta, ma intanto ve lo dico qui, perché da adesso in poi non si può più tornare indietro. Quindi, come quando eravate piccoli, se a settembre avete deciso di iniziare a fare scherma fino a giugno, cascasse il mondo ci andate lo stesso, non è che si smette a gennaio.

Altrimenti da grandi diventate come siete già diventati, incoscienty, incapacy e inconcludenty.

Se l'impasto non ha ancora raggiunto i 4 °C interni, continuate a farlo riposare in frigorifero, grazie. Se invece li ha raggiunti, iniziamo con la parte tosta: è il momento di **sfogliare, dando le pieghe**. Ormai le conoscete, giusto? Se la vostra risposta è negativa, vi ricordo che sono ampiamente spiegate nella DaD sulla pasta sfoglia (vedi pagg. 178-183), e che qui sono persino più semplici, perché dovete dare solo pieghe a 3. Quindi non vi dovete scervellare pensando a quale piega avete già dato, se davvero l'avete fatta, se i cornetti esistono, se il mondo esiste o se è solo un sogno del maestro Iginio Massari.

Ricapitolando:

1. circa una mezz'ora prima di iniziare, tirate il panetto fuori dal frigo: come sempre, deve essere plastico, non duro come la pietra e nemmeno morbido come il vostro carattere. Per stare sicuri, controllatelo sempre, perché a seconda di dove vivete e della stagione in cui decidete di fare questi cornetti potrebbe essere necessario più o meno tempo;

2. date tre pieghe a 3: se foste veloci vi direi consecutive, ma ormai so con chi ho a che fare, quindi realizzatene due consecutive e poi lasciate l'impasto a riposare per 30-40 minuti in frigorifero, ovviamente ben avvolto nella pellicola;

3. date la terza piega e rimettetelo in frigo, dove riposerà di nuovo per 3 ore. Questa volta, riposatevi pure voi.

Passiamo alla **formatura dei cornetti**, concentratevi. E non fatemi vedere quei cornetti con le estremità unite, stile anni ottanta. Il cornetto lo fate dritto, punto, non accetto repliche:

1. dopo le 3 ore in frigo, tirate l'impasto a un'altezza di circa 2,5 mm e fate dei magici triangolini isosceli, non scaleni. Mamma mia, ho un'ansia per voi: già li vedo i vostri cornetti che, mentre ripassate geometria sui quaderni delle

elementari, si scaldano e buttano fuori tutto il burro possibile e immaginabile, come me quando inizio a piangere senza un motivo apparente;

2. prendete in mano un triangolino e tiratelo leggermente nel senso della lunghezza dalla punta, vi si è rotto? Significa che siete delle persone materiali, fate piano;

3. partendo dalla base del triangolo, arrotolatelo su se stesso verso la punta, senza schiacciare o fare eccessivamente forza su quest'ultima, altrimenti il cornetto vi si brucerà in forno nelle parti più sottili, mamma mia i pianti;

4. ripetete con gli altri triangolini.

Teoricamente, una volta formati i cornetti, dovreste congelarli, perché vengono meglio: se decidete di farlo, lasciateli in freezer per circa 3 ore e poi a temperatura ambiente, a lievitare in teglia,[2] ben distanziati e sempre a file alternate come vi ho insegnato, per circa 6 ore.

Ma io ringrazio Dio che siate arrivati fin qui, quindi potete anche metterli direttamente a **lievitare in teglia** (posizionati come vi ho fatto vedere a pag. 125), per 3 ore abbondanti. Comunque poi lo capirete, devono raddoppiare di volume ma non essere sull'orlo di scoppiare, tipo me oggi.

Prima di infornarli, spruzzateli o spennellateli con un po' di latte, possibilmente senza vanificare 2 giorni di lavoro con quelle mani pesanti che avete, rischiando di farli collassare.

Cuoceteli in forno statico,[3] a 180 °C, per circa 15-17 minuti.

Ne è valsa la pena? Sono sicura di no. Non è vero, scherzo. Riuscire a fare i cornetti è una grande soddisfazione, ma ancora di più per me lo sarebbe trasmettervi l'educazione da mostrare nei confronti di chi li fa per lavoro, che vi sente quando entrate al bar o in pasticceria e volete fare colazione alle 12 urlando che "non è possibile non ci siano già più i cornetti".

Alle 12 la nostra giornata è iniziata da 8 ore, capirete che la vostra tensione ci fa diventare pazzi, che se il locale fosse nostro verremmo dietro al banco per

---

2 Io li metto nel forno spento, scoperti, con un bicchiere d'acqua bollente, in modo che si crei umidità e non si formi una pellicola sulla loro superficie. In alternativa, potete coprirli, ma non a contatto, altrimenti voglio vedere le vostre lacrime quando toglierete la pellicola e lei si porterà via metà cornetti.

3 Il motivo lo sapete e, se non lo sapete, non me lo dite: andate subito a pag. 110.

dirvi, piangendo, che la nostra vita gira intorno ai cornetti, non intorno a voi. Quindi svegliatevi prima e abbiate rispetto per la preparazione più sottovalutata da tutti, che date per scontata, ma che, per farvi fare colazione, necessita di qualcuno che viva per questo.

Farciteli come vi pare, mo' sono arrabbiata.

Il passo del gambero: se invece volete utilizzare l'impasto che avete fatto, carichi di speranza e buone intenzioni, ma adesso proprio non vi va di dare le pieghe, agite in questo modo: fate delle palline di impasto, di circa 65 g l'una, e abbiate cura di pirlarle bene sul tavolo (vedi pag. 125), devono essere belle lisce. Mettetele a lievitare in teglia per circa 3 ore e, passato questo arco di tempo, per comportarvi da veri gamberi avete due strade:

- autoconvincervi che stavate facendo i MARITOZZI DI PAG. 121, cuocere e infine farcire con la panna montata;
- fare una veneziana: dovete cuocere le palline di impasto con una "sporcatina" di crema pasticciera sulla superficie, in forno statico a 180 °C per circa 15 minuti. Quando saranno cotte, potrete farcirle come un normale cornetto alla crema, che ormai sapete fare a memoria, no?

Poi non dite che non vi aiuto, ciao.

DAD N. 4

INCAPACY AL RISTORANTE, PER FAVORE, NON MI FATE FARE FIGURE DEL CAVOLO

Adesso che sapete comportarvi sia quando ricevete ospiti a casa sia quando andate a casa degli altri, vi manca un ultimo contesto: il ristorante. Lì l'educazione, volendo, deve essere doppia, perché vi dovete relazionare con persone che stanno lavorando e non vi aspettano in ciabatte, davanti a una frittura con un bicchiere di vino. Io per parecchi anni, durante l'università, ho fatto la cameriera: è stata la cosa più faticosa che abbia mai fatto, perché purtroppo la credenza popolare secondo cui il cliente ha sempre ragione è in realtà completamente sbagliata. E fa entrare alcune persone al ristorante con una boria che sarebbe da prenderle a schiaffi.

Non fatevi riconoscere ancor prima di mettere piede al ristorante:

- quando prenotate, non chiedete di stare al tavolo con un'angolazione di 47° rispetto al muro, la luce che entra da est e un'energia che apre i vostri chakra mentre mangiate, possibilmente sotto al lampadario in vetro di Murano;
- se prenotate per 12 e venite in 2, non ve la prendete se alla fine l'amaro non ve lo offrono;
- al contrario, se prenotate per 4 e venite con tutto il parentado, vietato lamentarsi che in questo ristorante sono un po' rigidi e non c'è mai posto;
- se vi rendete conto che siete in ritardo, più di mezz'ora intendo, non vi stupite se alla fine dovete andare a mangiare dal paninaro Poldo, perché tutti utili, nessuno indispensabile. Se comunque avete una ventina di minuti di ritardo, un colpo di telefono al ristorante per avvisare è sempre cosa buona e giusta.

Il/la camerier* l* conoscete? È amic* vostr*? No.

A Roma, quando qualcuno si prende troppa confidenza, si dice: "ma che avemo mai magnato insieme?". Fatevi questa domanda: avete mai mangiato insieme al personale di sala del ristorante, che si è malauguratamente imbattuto in voi? La risposta è quasi sempre no, quindi:

- non date del tu al personale di sala, non va bene, non siete amici, non siete nella posizione per farlo;
- schioccare le dita per richiamare l'attenzione dei camerieri lo potete fare solo se siete al matrimonio vostro. E comunque sembrerete dei grandi rozzi lo stesso;
- "ao', senti": dimenticatevene, un semplice "mi scusi" può andare più che bene;
- inchiodare il cameriere al tavolo fa in modo che lui venga guardato incessantemente dal suo capo e dopo forse riceverà un cazziatone: chiamatelo quando siete pronti, non per dire "mmm, aspetta, mmm, non lo so", non gliene frega niente di stare con voi;
- ogni volta che chiedete una variazione sostanziale nel menu, un cameriere non sa come fare a portare la comanda in cucina, dove riceverà occhiatacce, insulti e altre cose che non si possono dire. Tra l'altro, incapacy sapientoni miei, il menu è frutto di studio e prove, di certo non stava aspettando voi per essere modificato. Quindi no, non potete chiedere di trasformare il risotto ai funghi porcini nel risotto al radicchio e gorgonzola, perché i funghi li avete mangiati ieri. Se voi vivete a caso, non è detto che debba farlo un ristorante.

E poi ricordatevi sempre altre due cose sui camerieri:
- molti fanno questo lavoro per mantenersi, quindi i camerieri che state trattando male oggi domani potrebbero essere i dentisti che dovranno estrarvi i denti del giudizio, quello che evidentemente non avete. Fate in modo che si ricordino di voi positivamente;
- rimangono soli con il cibo che dopo poco tempo entrerà nella vostra bocca: se li trattate male, l'80% di loro non ci sputerà dentro, ma cosa fa l'altro 20% non lo saprete mai.

Se volevo stare al tavolo con voi, organizzavamo una bella cena.

Quindi N-O-N U-R-L-A-T-E, perché i cavoli vostri non interessano a nessuno. Non è vero, a me interessano tantissimo i dialoghi del primo appuntamento: in quel caso alzate la voce, così vi posso sentire meglio.

I vostri bambini sono stupendi, ma se non lo sono al ristorante limitate i danni.

Se il vostro piccolo angelo decide di correre e urlare per tutto il ristorante e voi lo amate lo stesso, non significa che debba farlo anche io. Lo so che sono creature, ma voi no: gestitele.

Se i vostri bambini hanno un pennarello rosso in mano e colorano tutta una tovaglia di cotone, il problema non sono loro. E non dategli schiaffi sulle mani.

Se vostra figlia mangia solo con *Baby Shark* a volume 10 e con tutti i parenti che fanno "tutturururttuu", lei fatela mangiare a casa per favore, o almeno cambiate canzone.

Tratta il prossimo tuo come te stesso. No, scherzo, tratta il bagno del ristorante come il tuo.

Il fatto che siete frustrati, che a casa il vostro partner non vi faccia fare pipì in piedi è affare vostro, come per ogni problematica che avete. Una su tutte, le crisi di inferiorità che, quando siete in un ristorante, vi portano a credere che, solo perché pagate, potete comportarvi come dei piccoli tiranni che trattano male tutti. E invece no, le vostre crisi dovete smazzarvele a casa e non vi potete mettere a fare pipì come se foste un idrante, perché a fine serata ci sarà qualcuno che entrerà in bagno e dovrà pulire la vostra inferiorità. Una volta quella persona sono stata io: ho messo talmente tanta ammoniaca e acqua calda che sono svenuta per intossicazione fisica e mentale.

Le lamentele, per favore, faccia a faccia.

Allora io lo so che siete timidi, incapacy, ma l'errore umano non è una tragedia, dovete imparare ad accettarlo e a contemplarlo nelle vostre giornate. Adesso, è vero, potete tutti parlare sulle piattaforme di recensioni dei ristoranti e vi sentite grandi analisti del food, però ricordatevi che quello che per voi è uno sfogo momentaneo, dovuto al fatto che magari avete aspettato un po' di più, avete ricevuto un vino caldo o siete capitati vicino a una festa di urlanti diciottenni, per un ristoratore può essere una tragedia, perché ormai ad alcuni ristoranti non si dà neanche più una chance, viste le prime tre recensioni negative.

Alzate il vostro sederino, parlate con il titolare e ditegli cosa non vi è andato bene: sono sicura che, nel 90% dei casi, avrà un occhio di riguardo per voi, perché può darsi che sia stata l'unica volta in cui ha sbagliato, e perché la fatica che si fa per risollevare la reputazione di un ristorante non è neanche paragonabile a quella che fate voi per mandare giù un'attesa o un errore nella comanda.

Dai, chicchi, fate gli adulti, litigate e poi fate pace, ma faccia a faccia.

LA CONFETTURA DI CIPOLLE ROSSE

L'unico cibo che tiene le redini della nostra volontà

Ormai, alla fine del terzo capitolo, che non sappiate gestirvi autonomamente mi sembra abbastanza evidente. Ma adesso che abbiamo imparato a conoscerci, sapete perfettamente che nei vostri confronti vivo un dualismo interiore, quello che da un lato mi fa dire "non me ne può frega' de meno" e che dall'altro, con più rassegnazione, mi fa pensare "va bene tutto, state tranquilli". In questo senso mi aiuta l'assenza totale, nella mia vita, di giudizio e di morale, cosa che però mi aiuta solo con voi. Al contrario, nella quotidianità, non è molto utile credere che, in uno stesso concetto, possa essere tutto vero e tutto falso, e nemmeno non avere la minima cognizione di ciò che moralmente si può e non si può fare.

Quello che mi ha salvata dall'andare "ai matti" o in galera è stata la mia quasi totale mancanza di orgoglio e permalosità: quando non so cosa sto facendo o cosa sto pensando me ne rendo conto, allora alzo il telefono e chiamo Valeria, la mia migliore amica, e le dico: "che devo fare? È giusta o sbagliata questa cosa che ho pensato?". Lei mi risponde sempre e io faccio come dice lei.

L'equivalente della mia Valeria, anche se lei detesta le cipolle ed è anche più profumata, deve essere per voi questa confettura di cipolle.

Io lo so, incapacy, che c'è sempre qualcuno che gioca un po' con il vostro povero cuore e voi, piccoli mollaccioni miei, glielo fate fare. Ecco perché in questa preparazione vi voglio aiutare. **Vi voglio fornire gli strumenti, esterni alla vostra volontà, perché da soli mi sa che non ce la state facendo, per dare un bel palo a chi vi fa soffrire.** A dirvi la verità, se ci penso un po' mi innervosisco, perché sono come mia zia Luciana: "se certe cose te le dico io vanno bene, ma se sono gli altri a trattarti male mi fanno girare!".

Quando quel** maleducat* che vi fa piangere un po' la sera prima di andare a dormire, dato che dopo il vostro ultimo incontro non si è fatt* sentire per 3 settimane, vi chiede: "usciamo a cena?" e alla vostra risposta, che deve essere affermativa (perché rosicare è ok, ma farlo vedere proprio non se ne parla), vi scrive: "in via Paperino c'è una pizzeria nuova, la proviamo?", che è la via dietro casa sua, quindi ha già achittato il dopo cena palesemente… Ma questa frase è già molto lunga e io sono un po' concitata, quindi la stoppo. Ricominciamo, al suo invito dovete rispondere di sì, ma prima di uscire ingurgitate due o tre cucchiai di questa confettura di cipolle e, quando si avvicinerà per baciarvi il collo, voi con un'espressione schifata, perché non potete aprire la bocca vicino a lui/lei, mugugnerete: "mmm no, vado a casa. Ci vediamo". L'ordine è ristabilito, incapacy, credetemi, passerà per un rifiuto disgustato: in realtà vi puzza solo l'alito, ma avrete fatto la figura di persone davvero integre e contenute, della serie: "certo a cena con te ci vengo, ma dopo vai a letto da sol*".

COSA VI SERVE:

per circa 1 kg di questo salvaserata e anticoncezionale naturale

- 300 g di cipolle rosse
- 300 g di zucchero di canna
- 3 foglie di alloro
- 2 cucchiaini di cannella in polvere
- 5 bacche di ginepro
- 300 ml di vino rosso
- 130 g di mele frullate

PROCEDIMENTO:

Allora, per prima cosa prepariamoci alla nostra attività preferita, un bel piantarello di cuore, tagliando le cipolle. Lo so che volete i trucchi per non piangere, ma secondo me un piantarello vi farebbe tanto bene, anche perché l'occhio un po' liquido conferisce sempre quell'aria maledetta alla quale noi, ultimi romantici dell'adolescenza, non riusciamo ancora a rinunciare.

Quindi, fazzoletto alla mano, iniziamo:

1. tagliate a fette sottili le cipolle rosse e mettetele a macerare insieme allo zucchero di canna e agli aromi in una ciotola, possibilmente di vetro o di acciaio, altrimenti l'odore di cipolla da una ciotola di plastica difficilmente vi lascerà. Mescolate bene;

2. coprite con la pellicola e lasciate il composto a riposare in frigorifero per almeno 10-12 ore;

3. passato questo arco di tempo, che è servito allo zucchero[4] a legarsi con l'acqua e al composto per insaporirsi, unite il vino e le mele;

4. dopo aver ben rimestato, trasferite il tutto in un tegame e fate bollire a fuoco basso per circa 40 minuti.

Durante la cottura, abbiate cura di sterilizzare bene i barattoli in cui conserverete la confettura. Potreste pure guardare le linee guida del Ministero della Salute, ma so già che non lo farete, quindi: lasciate bollire per mezz'ora i barattoli insieme ai tappi e poi metteteli ad asciugare su un panno pulito. Altrimenti potete sciacquarli molto bene e poi metterli in forno a 120 °C circa per 10 minuti, lasciarli raffreddare nel forno chiuso e infine utilizzarli. Vi consiglio anche di comprare dei barattoli piccoli, tipo quelli da colazione in hotel, perché non si sa mai: l'invito all'improvviso, mentre siete in giro, può capitare, e voi non dovete cedere mai, dovete tenerne sempre un barattolino in borsa.

Per comprendere se la confettura è pronta, avete due strade:
- la prima è il metodo empirico, casalingo ma abbastanza efficace, non appena ci si fa l'occhio: versatene un po' su un piatto e se, soffiandoci sopra, la confettura si espande "facendo la rosa", allora è cotta;
- in alternativa esiste uno strumento *ad hoc*, il rifrattometro: mettendo una goccia della confettura sul vetrino, e guardando dentro tipo binocolo, vi dice a quanti gradi Brix corrisponde. I gradi Brix, incapacy, sono l'unità di misura che indica la quantità di zucchero disciolta nell'acqua e che, indirettamente, vi rivela quando la confettura è pronta, ossia quando al suo interno non c'è più acqua libera.

Quando la confettura è ancora bollente e i barattoli ben sterilizzati, con le mani pulite e immacolate, senza più lacrime che infettano tutto, versate la confettura

---

4   Lo zucchero, se usato in alte concentrazioni, fa innalzare la pressione osmotica. Lo so che non vi ricordate cosa sia l'osmosi, ricapitoliamola in breve: è quella cosa che invocate quando dovete preparare l'esame, ossia che le nozioni, abbondantemente concentrate nel libro, passino nella vostra testa vuota, senza sforzarvi. Se invece vi foste sforzati a tempo debito, non ci sarebbe bisogno di scrivere queste righe. Comunque, vi basti sapere che l'osmosi regola il contenuto di acqua interno ed esterno alle cellule. Se al loro esterno (in questo caso fuori dalla cipolla) si crea una concentrazione apprezzabile di zucchero, l'acqua migrerà proprio verso l'esterno, finché le due soluzioni non saranno in equilibrio e voi vedrete quell'acquetta di zucchero al sapore di cipolla. Inoltre lo zucchero, accaparrandosi l'acqua, fa in modo che eventuali batteri non ne abbiano disponibilità per sopravvivere. Mi piacerebbe spiegarvi le proprietà colligative, per farvi capire come si comporta una soluzione rispetto al solvente puro. Ma a chi va? A me no di certo.

nei barattoli, chiudeteli e metteteli a testa in giù fino al raffreddamento: in questo modo si spera si crei il sottovuoto, no scherzo, si crea sempre, ma non li rigirate prima che siano perfettamente freddi.

Questa confettura va conservata in un luogo buio, come la vostra anima, e al riparo da fonti di calore: vi consiglio di consumarla dopo minimo 2-3 settimane, se ci riuscite. In queste 2-3 settimane, fatemi la cortesia di non sbagliare. Respirate prima di farvi prendere dall'entusiasmo o comunque, se non resistete, vietato piangere. O meglio, potete piangere solo se, dopo un'autocritica sulla vostra notte appena trascorsa, decidete che sia arrivato il momento di sbucciare le cipolle e piangere per un motivo serio: il propantial-S-ossido, una sostanza volatile che la cipolla utilizza contro i predatori che la vogliono mangiare. Perciò siate cipolle, svegliatevi, incapacy.

Il mio ultimo consiglio: rileggete questo libro alla luce di quest'ultima ricetta, perché è una grande amica da tenere a portata di mano, soprattutto quando vi trovate davanti chi prepara una lasagna 100% strati-0% sugo, o quando, grazie alle polpette, capite che il vostro flirt non ha la minima intenzione di darvi qualcosa di buono.

GLOSSARIO

- Acchittare: a Roma acchittare vuol dire tutto, dal farsi belli per una serata all'organizzare una cena. "Acchittamo 'na cosa da me domenica" a volte ha anche un'accezione illegale: quindi, incapacy miei, come sempre state attenti a chi avete davanti e datevi una svegliata.

- Coatto/a: tipico cittadino romano dai modi piuttosto rozzi e sgraziati, con gusto estetico tendenzialmente discutibile, specialmente nel vestiario, "bono de core" e verace. Parla spesso ad alta voce, non conosce l'uso delle doppie, soprattutto quando deve dire "pommodoro" o "carammella", aggiungendo consonanti che ha recuperato dalle parole mozzate che utilizza nel linguaggio comune: "amo', teso', 'nnamo".

- Cocoriti: pappagallini colorati e indifesi, che approcciano la vita cercando di imitare tutto quello che vedono, con ingenuità e dolcezza, come voi incapacy, che per questo siete da me tutelati.

- Cucchiara: quel cucchiaio, di solito di legno, che vostra nonna teneva in mano tipo una sciabola rincorrendovi e minacciandovi di darvelo sulle chiappe.

- Dare una mano a casca': aiutare qualcuno a cadere, a sbagliare. Questa espressione si utilizza quando qualcuno ti dà dei consigli palesemente sbagliati e controproducenti che, se seguiti, complicherebbero non di poco la faccenda. Sinonimo: dare una mano per la discesa.

- **Di rosa e celeste burino se veste:** letteralmente è un'esortazione a non indossare nella stessa occasione indumenti rosa e celesti affinché gli altri non si accorgano subito della vostra incapacity a vestirvi, sia quando dovete andare all'alimentari sotto casa sia quando vi dovete presentare all'altare. Metaforicamente, è un invito a usare il buon senso tutte le volte che aprite l'armadio. Se pensate di non averlo, il buon senso intendo, fate come me che ho solo vestiti neri, nerissimi, di color grigio scuro o grigio scurissimo.

- **Essere boni:** essere capaci, altresì usato nel senso di "darsi una bella calmata/non esagerare" quando si presenta nella forma "stare boni".

- **Mejo il primo in provincia che il secondo a Roma:** è una frase che Plutarco attribuisce a Giulio Cesare, significa che è meglio avere il primato in un settore meno prestigioso che essere mediocri in un ambito riconosciuto, ma complicato. Perché, incapacy, lo sapete, il primato è il nostro credo.

- **Mettere per cappello:** minaccia delle madri romane quando, dopo aver preparato qualcosa di richiesto dai propri figli, magari elaborato e costoso, questi non lo vogliono mangiare. A quel punto la frase: "o te lo magni o te lo metto pe' cappello" è doverosa, materialmente è prendere il piatto e ribaltarlo con tutta la pietanza sulla testa del proprio interlocutore.

- **Mettere una pezza:** rimediare a un errore, come quando scivolate sull'olio fritto colato dalle melanzane grondanti, perché come al solito non sapete dove appoggiarle, e vi rompete i pantaloni sul sedere, per poi metterci una pezza. Una toppa, appunto.

- **Più vai in alto, più er botto se sente quando caschi:** espressione tipica romana per invitare l'altro a non tirarsela troppo e a non lodarsi oltremodo, perché se qualcosa andasse storto la persona potrebbe essere costretta a tornare bruscamente con i piedi per terra. E dal pulpito su cui è salita, il botto si sente più forte. Come quando fate cadere una busta piena d'acqua, fa più rumore se cade da un tavolo o se cade dal quarto piano?

- **S'è fatta 'na certa:** si è fatta una certa ora, noi romani siamo pigri in tutto, ci pesa anche dire "ora". Letteralmente significa "è tardi".

- Sderenare/sderenato: sfiancare, stancare, togliere l'anima, ridurre a pezzi psicologicamente e materialmente.

- Se voi er piatto che te piace, ce vo' er tempo che se coce: espressione romana che insegna l'arte dell'attesa, soprattutto al ristorante, ma che più ampiamente significa: se vuoi qualcosa, devi dare e darti il tempo giusto per la sua realizzazione. Quindi la trippa non la potete preparare in 15 minuti, fatevi la fettina.

- Sentissela calla: essere molto sicuri di se stessi, sentire che la situazione volge a proprio favore.

- Sfragnare/sfragnato: ridotto in pezzi casuali, sgretolato, disintegrato, io.

INDICE ALFABETICO DELLE RICETTE

INDICE ALFABETICO DEGLI INGREDIENTI

RINGRAZIAMENTI

Per questo libro ringrazio la mia grave incoscienza, che mi permette di non sapere mai in cosa mi stia infilando, ma di farlo lo stesso.

Ringrazio mio padre, che si è rassegnato al fatto di non capire mai che lavoro faccia, ma che comunque mi supporta sempre, fra una litigata e l'altra.

Ringrazio mia sorella per trasmettermi l'idea che qualsiasi cosa io faccia non è altro che quella che devo fare.

Ringrazio mia zia Luciana, mio zio Pietro e le mie cugine per avermi mostrato sempre un sostegno genuino e dolce, non arrabbiandosi quando non rispondo al cellulare, ossia sempre.

Ringrazio la mia amica Valeria per quella volta che mi ha liberata, dicendomi che giurisprudenza non era la mia via e che dovevo fare qualcosa "di fantasia", eccola qui.

Ringrazio la mia amica Laura perché mi fa pensare che ci sia sempre qualcuno più matto di me.

Ringrazio il mio amico Pierluca per esserci strillati addosso questo libro una sera, con una bottiglia di vino, sul terrazzo di Edoardo.

Ringrazio i miei dipendenti per avermi risposto sempre: "tutto bene, non ti preoccupare, scrivi", anche quando non era vero.

Ringrazio tutti i miei incapacy per aver accolto un altro modo di parlare di cibo, ma anche di parlare e basta.

Ringrazio la mia amica Sara Porro sia per avermi scritto un giorno: "ti cerca

Marco Bolasco, di Giunti Editore, posso dargli il tuo contatto?" sia per avere una visione di me rassicurante.

Ringrazio la mia amica Chiara di @23bassi per avermi permesso di utilizzare dei piatti meravigliosi, regalandomeli ed entusiasmandosi da subito.

Ringrazio Daniela che mi ha prestato un piatto rosa, ma soprattutto un piatto che non si può pubblicare su nessun social.

Ringrazio la mia amica Cristina, per avermi ricordato come si fa la spirale di panna sui maritozzi e per avermi fatto sedere un po', quando non ce la facevo più.

Più di tutti ringrazio Ilaria, che non ha dato seguito alla minaccia di far uscire un libro con le foto fatte da me col cellulare, per regalarmi ogni giorno il suo talento e il suo speciale punto di vista sul cibo che preparo.

Ringrazio tutti i miei amici per non essersi arrabbiati quando ero pazza e stanca e non ci sono stata per loro.

Infine ringrazio mia madre per avermi insegnato indirettamente che se non ci si attacca a qualcosa nella vita, questa perde di senso. E per avermi regalato dei capelli stupendi.